JN133801

沖縄の戦世《イクサユー》

——県民は如何にしてスパイになりしか

池間一武

1　日本兵に殺害された照屋忠英校長の「遺徳顕彰碑」＝本部町伊豆味（本文 30ページ）

2 「県立農林学校隊最期の碑」の慰霊祭には、遺族や関係者のほか北部農林高校の生徒も参加、不戦を誓いあった＝東村宮城、2017 年 6 月 22 日（本文 78ページ）

3　沖縄戦で沖縄師範学校男子部の生徒が掘削した留魂壕跡＝那覇市・首里城内
（本文 123ページ）

4　1年生から5年生まで戦没者 88 人をまつる三中学徒隊之碑＝本部町八重岳
（本文 51ページ）

5　大砲部隊の最終地となった真壁の萬華之塔＝糸満市（本文159ページ）

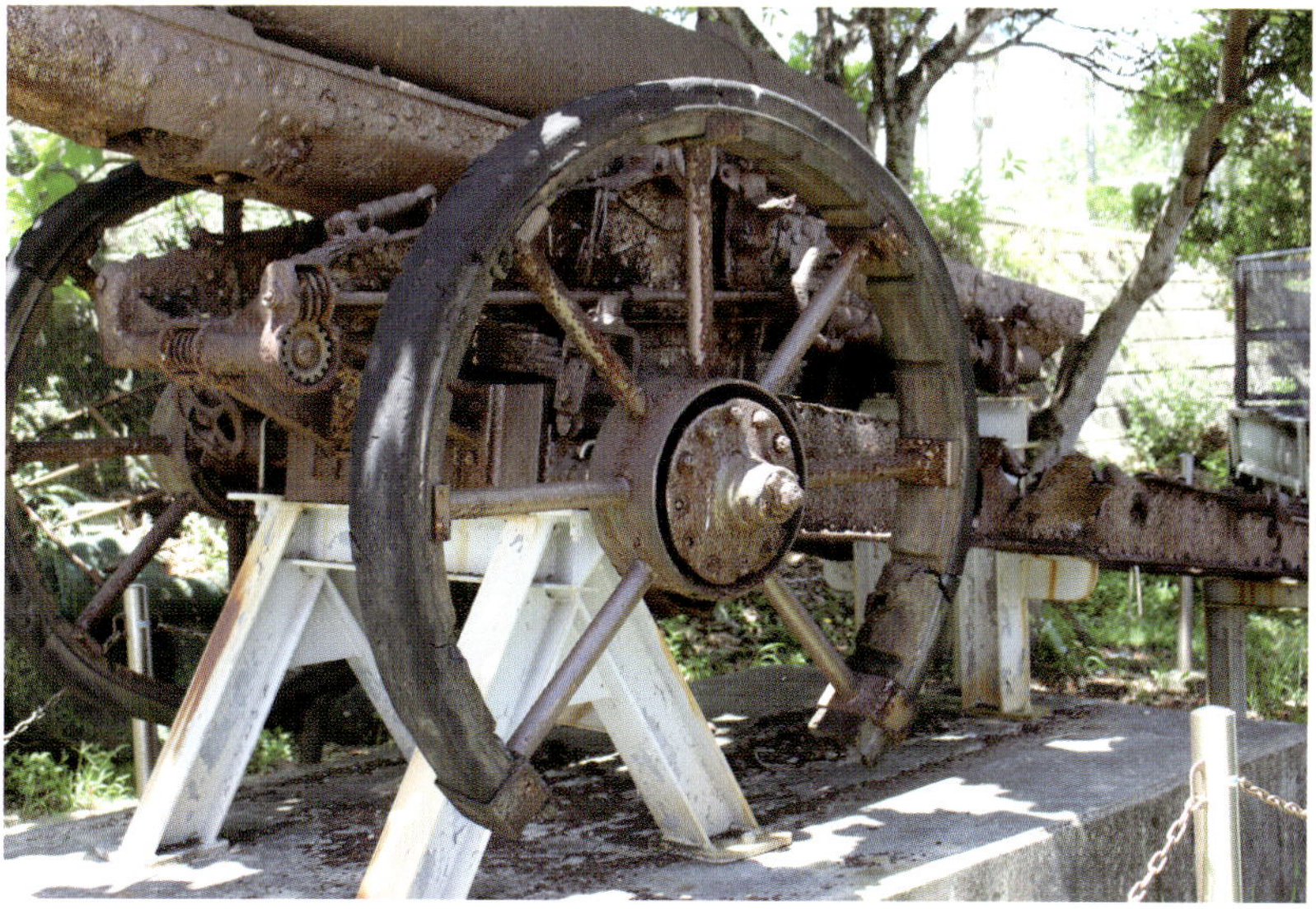

6　埋没壕から掘り出された九六式一五糎榴弾砲＝西原町中央公民館裏（本文135ページ）

7　「ペルリ提督上陸之地」碑の裏側英文＝那覇市泊（本文 226ページ）

8　ボード事件のウィリアム・ボードの墓がある外人墓地＝那覇市泊（本文 227ページ）

目次

Ⅰ　スパイを巡る沖縄戦

【凡例】

一、本書は季刊誌『多島海』（二〇一二年〜二〇一四年）掲載の論考を大幅に書き改めた。注釈も改め、参考文献の表紙画像を掲載した。年表記は漢数字の西暦年に統一し、年号は一部で補足するに留めた。また、引用を除き、敬称はすべて略した。

二、新たに取材した写真を追加した。一部で個人提供や沖縄県立公文書館所蔵のデータベースを活用した。また、参考文献からは出所を明記したうえで、図画を掲載させていただいた。提供・許諾に感謝申し上げます。

三、引用は二字下げにし、引用文中のルビは省略した。なお、沖縄よみの場合はカタカナ表記を採用した。

四、補足の（　）は、本文より文字を小さくした。また、執筆者注は（注・）として表記した。

五、文献は編著著名「論考名」『書名』（発行所、発行年）で表記を揃えた。

六、巻末には人名索引と文献索引を作成した。略記なども含め索引の統合を図った事例もある。

「女スパイ」虐殺の真相
—第三二軍司令部壕説明板問題から

二〇一二年三月、新聞紙上で明らかにされた「第三二軍司令部壕説明板記述削除」問題。結果的には、県（仲井真知事）自らが任命した検討委員会の委員の記述から「住民虐殺」と「慰安婦」を削除し、三月二三日に司令部壕近くに説明板を立てて押し切った。「住民虐殺」、「慰安婦」は、沖縄戦体験記録からはおびただしい報告があるし、キーワードとさえ言える。司令部壕周辺にはなかった、と県は言いたいらしいが、果たしてどうか。問題の周辺を散策してみた。

第三二軍司令部壕説明板＝那覇市首里

戦跡としての首里城跡

第三二軍司令部壕を学ぶ上で、重宝したものに沖縄守備軍第三二軍の高級参謀だった八原博通が沖縄県の日本復帰の年に出版した『沖縄決戦——高級参謀の手記』(1)（読売新聞社、一九七二年、以降『沖縄決戦』と略）がある。偶然だが、

注1　八原博通『沖縄決戦——高級参謀の手記』（読売新聞社、一九七二年）

復帰四〇年の二〇一二年はこの本の出版四〇年でもある。司令部のナンバー３の位置を占め、沖縄戦のシナリオを描き、実行した人物が自決せずによく生き延びたものだと思う。（死んだら記録できない。当然か）

沖縄戦で守備軍が構築した首里城地下の洞窟壕は延長一キロにも及んだという。まずは、八原の手記を追ってみる。

地下三十メートル、延長千数百メートルの大洞窟、多数の事務室や居室、かつての銀座の夜店もかくやと想う。二六時中煌々たる無数の電灯、千余人の将兵を収容して、さながら一大地下ホテルの観がある。（『沖縄決戦』一七七ページ）

司令部壕説明板の後方にあるコンクリート遺構＝那覇市首里

八原はそんなふうに得意げに記述している。この煌々たる電灯をともす発電機の冷却水を確保するのは師範健児隊の生徒であった。

坑口と呼ばれる入り口は、現在の城西小学校から園《ソノ》比屋武《ヒャン》御嶽《ウタキ》の背後の斜面に、第一坑口から第三坑口までが開いていた。南側には第四、第五坑口があった。現在、第一坑口から第三坑口は、すべてふさがれているが、付近には、今なお、頑丈な鉄筋入りのコンクリートでできた構造物が米軍の爆撃を受けながらも残っている。これが、地下司令部への入り口と誤ってガイド

旧第三十二軍合同無線通信所跡＝那覇市首里

されることがある。コンクリート遺構の中には、白色ペンキを塗った上に、黒く「旧第三十二軍合同無線通信所跡」と記入された杭が建てられている。「間違えないでほしい」、と言うかのようである。

沖縄県が第三二軍司令部壕の説明板を立てるのは、遅すぎるほどだ。

首里城は復帰後、急ピッチで復元作業が進められ、復帰二〇周年の一九九二年には沖縄戦で破壊・炎上した正殿も復元され、首里城公園として開園した。二〇〇〇年一二月には、首里城跡、玉陵《タマウドゥン》、園比屋武御嶽は「琉球王国のグスク及び関連遺産群」として世界遺産に登録された（他に今帰仁グスクなどすべてで九カ所）。

観光客、修学旅行の生徒らで、首里城および周辺は連日にぎわっている。修学旅行で首里城コースのある学校は、大半が正殿の中にも入り、首里城および琉球の歴史に触れる学習が主だが、首里城周辺の戦跡学習が目的の学校や団体も、多少はある。平和ガイドは戦跡だけでなく、世界遺産としての首里城の案内を頼まれることもある。しかし、私にとって首里城周辺は戦跡そのものである。そこには司令部壕の入り口付近のコンクリート遺構のほか、沖縄師範学校跡がある（沖縄県立芸術大学がある場所には、当時の正門の一部が残っている）。米軍が撮影した写真には、建物すべてが焼失した師範学校跡地に奉安殿が壊れずに残っているものがある。この写真一枚で戦前の皇民化教育、師範学校の役割などガイドの幅が広がる。
さらに玉陵の裏には県立第一中学校の慰霊の塔（一中健児之塔）と一中学徒隊資料館がある。ここで米軍が上陸する直前の三月二七日、島田叡県知事や軍関係者が見守る中、卒業式（四年生も繰り上げ卒業）が行われた。全員、「海ゆかば」を斉唱した後、藤野憲夫校長が挨拶を述べて、ひとまとめにした卒業証書を五年生の代表に渡した。四、五年生はすぐに守備軍（第五砲兵司令部）に二等兵として動員された。二、三年生もまもなく先輩の後を追って動員される。学徒隊資料館には、遺影、遺書、遺品などが展示されているが、一四～一五歳の遺影は幼すぎて哀れを呼び起こす。

近くにある安国寺は由緒あるお寺だが、住職の永岡敬淳は県立一中の教練教師をしていた。沖縄戦では大尉として郷土部隊特設第二二三中隊を率いて、那覇から首里、さらに南部へ転戦した。県立第一高等女学校二年を終えて、永岡隊に女子救護班員として参加した女性の証言（石原昌家『証言・沖縄戦　戦場の光景』[2]）は貴重である。偶然だが、彼女の証言には、今の都ホテル（首里山川）近くの陣地壕付近で言語障がい者らしき男性が兵隊にスパイではないかと尋問を受けている場面に出会ったこと、さらに一日橋近くでは自らが兵隊にスパイ容疑をかけられたことが述べられている。

首里城に入り、木製のデッキが造られた「西のアザナ」に上ると、那覇の市街と慶良間の島々が遠望できる。ここは沖縄戦の初めの慶良間諸島への米軍上陸、それに伴う慶留間、座間味、渡嘉敷島で起きた住民の「集団自決」（集団強制死）を語る場所にもなっている。ここからは遠く、北谷、読谷の海岸も見えるが、そこが六七年前の四月一日、米軍が沖縄本島への上陸を始めた場所である。

注2　石原昌家『証言・沖縄戦　戦場の光景』（青木書店、一九八四年）

その日、沖縄守備軍第三二軍の牛島満司令官以下首脳部は、地下の洞窟から出て、米軍の上陸の様子を双眼鏡で眺めている。『沖縄決戦』の序には、「日本第三十二軍首脳部は首里山上に立って、初めて見ゆるアメリカ第十軍の行動を静かに観望していた」とある。

一方、反対側になる「東のアザナ」の下には、沖縄師範学校の「留魂壕」が掘られていた。ここには新聞社（沖縄新報）の印刷機も置かれ、新聞が発行された。

私の手元には、ハワイの友人からもらった一九四五（昭和二〇）年四月二九日発行の「沖縄新報」がある。大きさはA４判。前日の二八日、識名の県庁壕で開催された「市町村長、警察署長合同会議」の模様のほか、一面には「一万八千余を殺傷」の記事。これは現地軍（第三二軍のこと）が四月二八日一八時に発表したもので、四月一日から二八日までの数字という。

沖縄新報

一万八千余を殺傷

1945（昭和20）年4月29日発行の「沖縄新報」1面

首里城跡は尚巴志以来の琉球の歴史を語る史跡でもあるが、わずか二カ月間の地上戦の痕跡をあちこちに留めている。

当初の説明板の最後にあった「司令部周辺では、日本軍にスパイ視された沖縄住民の虐殺なども起こりました」は、ばっさり削除された、という。沖縄戦では、県内各地で守備軍兵士にスパイだと難癖をつけられ、住民が殺害される事件が起きた。首里城周辺で起きた「住民虐殺」事件については、『沖縄決戦』にはっきり書かれている。

戦闘開始後間もないある日、司令部勤務のある女の子が、私の許に駆けて来て報告した。「今女スパイが捕えられ、皆に殺されています。首里郊外で懐中電灯を持って、敵に合い図していたからだそうです。軍の命令（?）で司令部将兵から女に至るまで、竹槍で一突きずつ突いています。敵愾心を旺盛にするためだそうです。高級参謀殿はどうなさいますか?」私は、「うん」と言ったきりで、相手にしなかった。いやな感じがしたからである。（『沖縄決戦』一八六ジペー）

八原高級参謀の〝いやな感じ〟とは何か。彼は、スパイと決めつけられた女が狂女であったことが分かっていたのだ。

私は、竹槍の一突き一突きに痛い！と、か細い声をあげながら、死んでいったという女スパイが、この狂女ではなかったかと、憐れに思えてならなかった。（同一八七ジペー）

『沖縄決戦』の第一刷は、終戦記念日の八月一五日である。戦争が終わり、出版までの二七年の時間の経過を感じさせないくらい描写は詳しい。彼が憐れに思った狂女をどこで見たか。これもはっきり、記述している。

私は、ふっと、三月二十五日午後、首里山頂天主閣跡の広場で見た狂女らしい女を想い出していた。私はそこにあった監視哨に状況を聞くため、一人で広場に立っていた。空は曇り、かなりひどい風が吹いていた。沖縄の三月下旬と言えば、春はすでに濃いはずだのに、まったく秋の暮れの感じであった。風は、病葉と砂塵を捲いて吹き上げていた。風蕭々易水寒い危機感でいっぱいのかなり広い広場に、たった一人の琉装の狂女が呪文を唱えながら、両手を大きく振り、天を仰ぎ、舞いの仕草を続けている。あるいは狂人ではなく、沖縄破滅の一大事出来と、天に祈っていたのかも知れぬ。

（同一八七ジペー）

八原高級参謀は、女スパイの正体を知っていたのである。そもそも、本当にスパイならば、軍事上からも厳重に取り調べられ、処罰されるべきものであろう。狂女を捕まえて、スパイに仕立てたとしか思えない。

首里のキリスト教教会近くには憲兵隊本部があった。そこでは、米軍機から投下される宣伝ビラを収集し、分類整理する作業も行われたという。憲兵隊がスパイ行為に目を光らせていたことは間違いないが、果たして、スパイはいたのかどうか。

第三二軍は、沖縄方言を使用する者はスパイとして処刑するとの通達を出している。

五、爾今、軍人軍属ヲ問ハズ標準語以外ノ使用ヲ禁ズ

沖縄語ヲ以テ談話シアル者ハ間諜トミナシ処分ス。（『沖縄県史　資料編23』「球軍会報」四月九日）

ウチナーグチしか喋れない老人にとっては、話すことさえ禁じられたのも同然である。さらに第三二軍の中には、標準語を使う沖縄人もスパイ視する将校もいた。

警察官もスパイ？

沖縄戦直前、沖縄の警察は警察警備隊を編成し、平常の業務から戦時警備に専従した。荒井退造警察部長の指揮の下、住民保護と避難誘導、軍への協力に当たった。警察警備隊本部は隊長が荒井警察部長、各課長が幕僚。各警察署も署長を隊長に警察署警備中隊となった。戦場での県の行政組織は、警察警備隊のほか後方指導挺身隊（内政部、経済部）が編成され、過酷な戦場で使命に邁進する。

司令部壕の中には記者室があり、情報将校がその日のニュースを発表した（四月二九日の「沖縄新報」では午後六時発表とある）。師範学校の留魂壕の一角を占めた「沖縄新報」の記者もここで、情報将校による軍の戦果などを取材していた。警察警備隊本部からも記者室に顔を出し、情報を得ていた。ここで、警察官が罵倒された。

当時、沖縄県警察本部警防課勤務の宮里（現・池原）徳英警部補は、同僚の新垣警部補と二人、記者室で情報や戦果を聞いて、警備本部に報告していた。池原は、戦後になってその模様を「沖縄戦・敵中突破――沖縄警察別動隊の記録[3]」（『新沖縄文学』二〇号）につづっている。

注3　「沖縄戦・敵中突破――沖縄警察別動隊の記録」『新沖縄文学』二〇号（沖縄タイムス社、一九七一年）

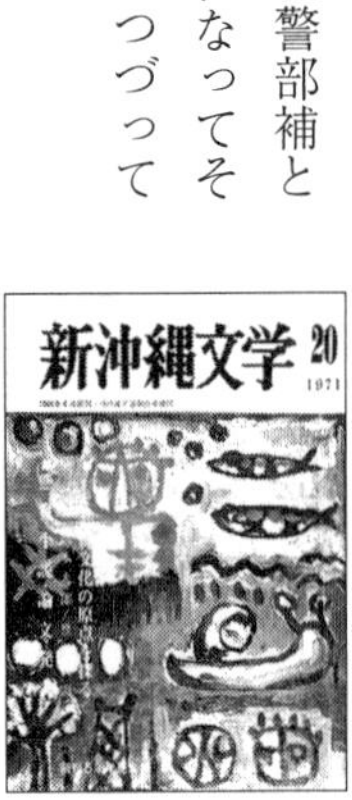

壕の交叉点に記者室があった。そこで毎夕刻情報部の和戎大尉から、その日の情報や戦果等が発表されていた。新垣警部補と私は、毎日そこで情報や戦果の発表を受けて、警備本部へ帰り、報告すると、警察官によって各警察署や付近住民の壕に伝達されるようになっていた。

日本軍の苦戦が続くに従って、参謀たちも、冷静さを失っていったようである。

そして或日、情報を発表する前に、沖縄人にスパイがいる。或は正服の警察官の中にも、スパイはいるかも知れないといった。私たち二人はいいようのない憤りと屈辱を感じた。

いま同胞が、女も男も老人までも何かの形で、生命を賭して軍に協力しているではないか。とくに若い学徒が、軍人にさえも出来ない前線との連絡、刻々に切断される電線の補修等、若い花の生命を、後をも振り向かずに、散らして行きつつあるではないか？（『新沖縄文学』二〇号、一五九ページ）

沖縄県民はすべてが「スパイだ」と言いがかりをつけられ、摘発されかねない状況だったといえる。そして県内各地で実際に理不尽なスパイ扱いが頻繁に起きたのだった。

八原が「憐れに思えてならなかった」女スパイはどのように殺害されたか、数人の証言がある。いずれも師範学校の隊員の見聞記録である。当時、師範隊の渡久山朝章（本科一年）は、『南の巌の果まで』(4)のタイトルで沖縄戦体験記を著した。目次に「スパイ斬殺」の項があり、そのなかで第五坑道口の下にあった師範学校の実習用田圃の中で目撃した殺害現場

注4　渡久山朝章『南の巌の果まで』（文教図書、一九七八年）

をこと細かく描写している。

田圃の中では兵隊たちに取り囲まれた中で、白鉢巻姿も凛々しく甲斐甲斐しい五、六名の女たちが「エイッ、エイッ」と交互に短刀を突き出している。「エイッ」と突き刺す度に「ギヤァ」という女の悲鳴が起る。それに混って「しっかり突かんか」という男の叱咤と怒声がする。

パーンと弾ける音がして照明弾が上る。中で突かれて悲鳴を上げている女は、凄絶な悲鳴の主は明らかに女だ、それは田圃の中の電柱に後手に括り付けられている。

頭は坊主刈りにされているのか丸く見える。その丸い頭が悲鳴と共に激しく動く。

事の様相が判ると思わず慄然とし、鳥肌立って来た。激しい震えが全身を襲う。寄ってたかって一人の人間に短刀を突き刺しているのだ。衆人環視の中で、しかも命令、監督の下に女たちが女を……。然も同じ日本人ではないか。(略)

残忍極まりない集団蛮行はなおも続けられて行く。泣き声と悲鳴は、今や「ギャオー」と嗄れた動物的な断末魔の声に変った。一方短刀を突き刺す女たちの掛け声もその凛々しい鉢巻姿に似合わず泣き声のようなものに変っていく。

司令部壕の第五坑口＝那覇市首里

この時、「どけ、どけ」と男が一人、鉢巻の女たちを押し退け囲の中に立ち、ギラリと刀を抜き放った。「いよいよ殺るのか」と思う間もあらせず「スパイの末路、見せしめだ」と言うや否や、女めがけて刀を大上段から振り下ろした。
「バシッ」っという音と共に女は首垂れ、声を立てなくなった。（『南の巌の果まで』九一〜九二ページ）

この斬殺事件は大勢の兵士、学徒隊員が目撃したので、似たような証言がある。川崎正剛（本科一年）は『留魂《りゅうこん》の碑《いしぶみ》——鉄血勤皇師範隊はいかに戦塵をくぐったか』(5)で、次のように述べている。

司令部壕第六坑道口(6)に一人の女性が憲兵に引き連れられてきた。それが豊見城出身という「上原トミ」だった。三十歳ぐらい。半そで半ズボンの防衛服。頭は丸刈り。「スパイをしたら上原トミのようになるぞ」この憲兵の発した名前が頭に焼きついた。「スパイをこれから処刑する」と憲兵。沖縄師範学校の田んぼの中、坑口から二十メートルほど離れた電柱にトミさんはひざまづいた姿勢で縛り付けられた。軍司令部の壕内にいた朝鮮人慰安婦が四、五人。日の丸の鉢巻きを締めてトミさんの前に立った。手には四〇センチの銃剣が光っている。慰安婦が憲兵の「次」「次」との命令で代わる代わる銃剣をトミさんに向けていった。この処刑の仕方はまるで初年兵の銃剣術練習の実験台のようであった。憲兵は次に縄を切ってトミさんを座らせた。少尉か中尉かだった。おれは剣術は下手なんだがなあー、と言って日本刀を抜き出した。その将校はト

注5 『留魂《りゅうこん》の碑《いしぶみ》——鉄血勤皇師範隊はいかに戦塵をくぐったか』（竜潭同窓会、一九九八年）

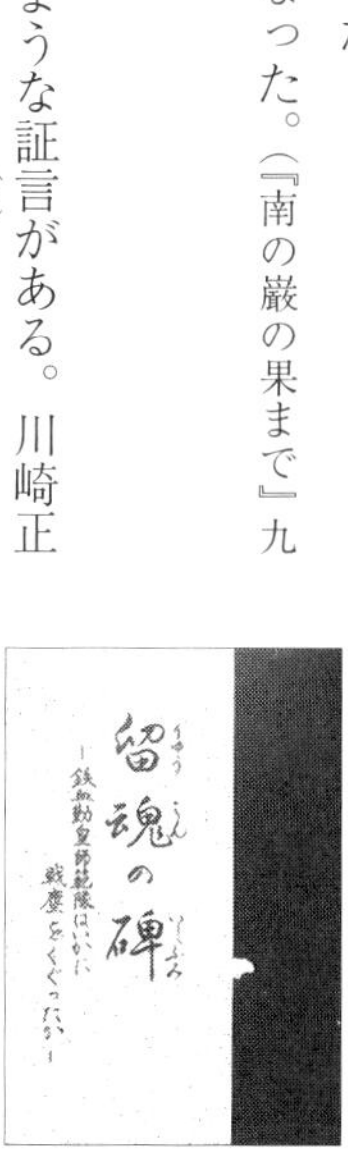

注6 第六坑道は現実には存在しなかった。一九七二年発行の『沖縄決戦』に掲載された「首里軍司令部洞窟略図」には第六坑道があり、渡久山朝章、川崎正剛は体験記や証言で「女スパイ虐殺」を第六坑口（道）の外での出来事、としている。一九九三年から司令部壕の調査を始めた沖縄県ではここを「第五坑口」と断定している。渡久山の著書、川崎の証言はいずれも『沖縄決戦』発刊の後。その他の著書にも八原の間違いが引用されている。八原が洞窟略図で第四坑道としたのは、便所の臭気を排出するトンネルで、第六坑道とあるのは、第五坑道が正しい。

ミさんの背後に立ち刀を上段から振り下ろした。（『留魂の碑――鉄血勤皇師範隊はいかに戦塵をくぐったか』一三二㌻）

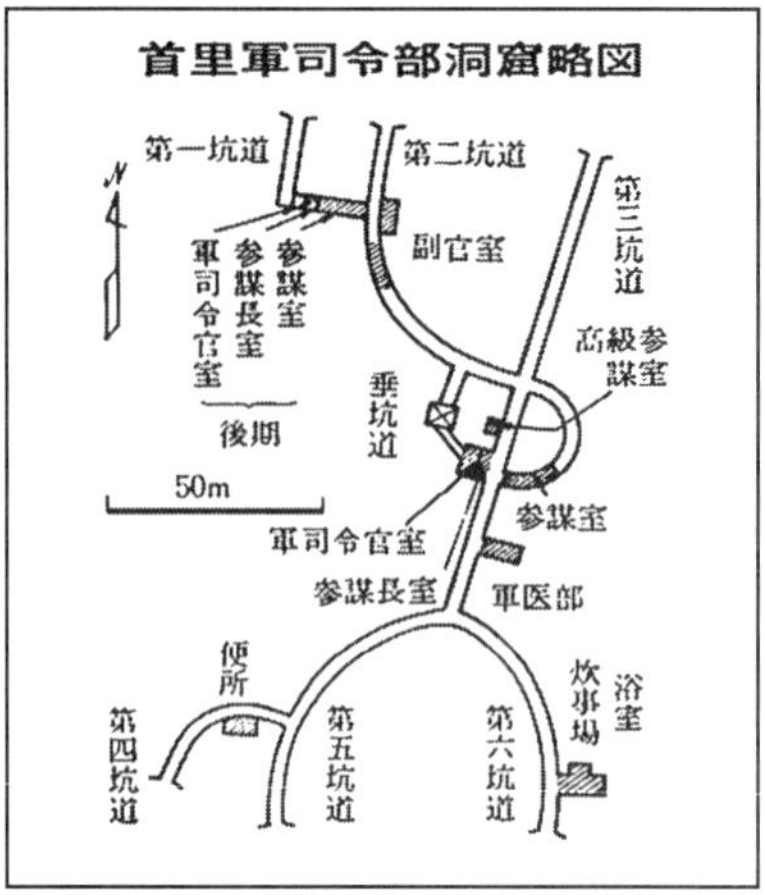

八原博通『沖縄決戦――高級参謀の手記』収載の略図

一九九〇年に大田県政が誕生した後、首里城地下の司令部壕に焦点が当たったことがある。県が本格的な調査も実施した。一九九二年六月から八月にかけて、琉球新報社会部が「首里城地下の沖縄戦　三二軍司令部壕」のタイトルで四六回にわたり連載した。その七回目（六月二三日付）に上原トミの殺害状況を川崎は証言している。非業の死を遂げたトミのさらに無残な最期を語る。

その時だ。周りで見ていた兵隊や鉄血勤皇隊の何人かが駆け寄り、土の塊や石をトミさんに投げつけた。人間が人間でなくなる―。戦争の渦の真っただ中に巻き込まれ、学友を失った者たちは「お前のために」とトミさんの遺体に襲いかかってしまったのだ。（「首里城地下の沖縄戦　三二軍司令部壕」「琉球新報」、一九九二年六月二三日）

川崎は長く自責の念にさいなまれた。戦後、現場を訪れ、手を合わせた。書こうとしても「胸が苦しくなって」書けない状況が続いたという。

戦後間もなく、過酷な戦争を生き延びた人たちの体験をまとめた『鉄の暴風』(7)（沖縄タイムス社）の取材・編集に当たった太田良博は、川崎から「女スパイ虐殺」の件を聞いている。太田の没後、二〇〇三年から『太田良博著作集』が出されている。その三巻『戦争への反省』(8)で、「沖縄戦で悲惨な事件の数々を聞かされているが、これほど悲惨な話を私は知らない」（三三七ページ）と吐露している。

この虐殺事件をにおわせた唯一の記録として太田は八原博通の『沖縄決戦』の記述を指摘した。女スパイ虐殺事件は八原が初めて発表したようである。

太田が川崎から聞いた内容は、さらにすさまじいものであった。活字になった川崎の証言は惨たらしさを大分抑えたものだ。太田は斬殺された「女スパイ」のその後について、次のように書いている。

> 首と胴体が離れた女の屍体は、泥田のなかにころがされ、みんなにふんずけられた。ふめ、ふめといわれて、つぎつぎに、この野郎とか、売国奴とかののしりながら、田んぼにころがされ、半ば泥のなかに沈んだ、女の屍体をふんずけた。その屍体は、泥のひとかたまりになり、もはや人間の形の見分けもつかないほどになった。（『太田良博著作集③　戦争への反省』三四〇ページ）

太田の掲載論文のタイトルは「すべてのうしろには菊がある」。これは未発表の論文で、

注7　『鉄の暴風』（沖縄タイムス社、一九五〇年）

注8　太田良博『太田良博著作集③　戦争への反省』（伊佐美津子、二〇〇三年）

中身は「日の丸」「君が代」の強制で揺れた一九八五年ごろの県議会、新聞投稿が掲載されているので、そのころ書いたものと思われる。

渡久山、川崎の体験記録は、ほぼ似通っているが、異なる点も少なくない。

「白鉢巻姿の女性五、六名が短刀で突いた」（渡久山）

「壕内にいた朝鮮人慰安婦四、五人が日の丸の鉢巻きを締めて、四〇センチの銃剣で突いた」（川崎）

首を切った者は、渡久山では単に「男が一人」であるが、川崎の記述は「自称剣術が下手な少尉、または中尉の憲兵」となっていて、詳しい。さらに虐殺された女性が「豊見城出身の上原トミさん」（川崎）と特定したのに対して、渡久山には、名前はない。しかし、後日聞いた話はさらに詳しい。以下の内容だ。

被害女性は浦添の墓に家族と避難していた。頭にシラミが湧き、髪を切られ風呂敷を頭に巻いていた。家族の制止を聞かず、米軍の猛爆下、墓を飛び出し、洞窟から洞窟をのぞき回り、方言でまくしたてる坊主頭の女性は、スパイの汚名を受け、捉われたのである。女性は「墓に入ることは後生を汚すことだ」と喚きながら墓を飛び出したという。

虐殺された女性の名前を川崎がどう特定したか、今となっては聞けないのは残念である。

八原が『沖縄決戦』を出した時、太田良博は次のように述べた。

今日、沖縄戦に関する出版物は、百数十冊を数える。なかでも、いちばん書いてもらいたくて、いちばん書く可能性の少なかった八原博通氏（第三十二軍高級参謀、元大佐）の『沖縄決戦』が出るにおよんで、沖縄戦記に関する限り「戦後」は終わり、いちおうの区切りがついた感じがする。（『太田良博著作集③　戦争への反省』一六二ページ）

沖縄戦当時、高級参謀だった八原の著書は信頼がおけるのか、との疑問もあるが、沖縄戦を体験談や記録で学ぶものとしては、事実として読まざるを得ない。しかし、『沖縄決戦』で、記述している三月二五日、首里山頂天守閣跡で見た狂女の振る舞いについて、渡久山は虚構と見ている。

女スパイが狂女ではなかったかと思うあたり、これは後で狂女であったことが分り、軍の失態を糊塗している以外の何物でもない。そして三月二十五日に首里山頂天守閣跡で見たという狂女の事があるが、これは付け足しの虚構であろう。首里城では唐破風以外に本土の城で見るような天守閣は存在しなかったし、勿論その跡もない。三月二十五日から首里城周辺を徘徊する狂女なら軍司令部将兵がスパイと見誤ることがあるだろうか。（『南の巌の果てまで』一〇〇ページ）

八原の肩を持つわけではないが、首里城正殿を天守閣跡と考え、狂女が衛兵の監視を逃れ、実際に正殿御庭《ウナー》当たりで、「琉球の一大事出来《しゅったい》」と、天に祈っていたかも知れない。しかし、これまでの証言からは、渡久山の「墓を飛び出した狂女」が説得力を感じる。

泥まみれの女たち

説明板から「住民虐殺」とともに「慰安婦」の記述も削除された。

一九四四（昭和一九）年、第三二軍設置の後、夏ごろには中国大陸から沖縄守備軍として日本軍がやってきた。慰安所・慰安婦付きである。当時の陸軍には付き物で、離島を含め、沖縄各地には一〇〇以上の慰安所が造られた。

司令部壕内には、「はるばる内地から渡来し、長堂の偕行社に勤務していた芸者十数名と、辻町の料亭若藤の遊女十数名が収容されていた」と『沖縄決戦』（一七九ジペー）にある。彼女たちは「炊事の手伝いもすれば、野戦築城隊と一緒に泥まみれになって土運びもする」と八原は強調する。

一方、渡久山の著書には、「慰安婦」の項目があり、八原の言う土運びをする彼女たちの様子が細かく描かれている。

十字鍬を振るう裸の兵隊たちの他に、新しい防暑服を着けた数名が円匙を使っている。女ではないか！　私たちは思わず顔を見合わせた。淡い光を浴び、馴れない手付で円匙を使うその人たちは正しく女である。

陣地構築の遅れで、とうとう女まで駆り出された。それも沖縄の軍属の女ではない。裸電球の淡い光でもそれと分る。防暑服の半袴から抜け出した真白い透きとおるような大和女の太腿が目にまぶしい。一瞬、心臓がドキドキと早鐘を打つ。一月以上も若い異性を見ない十六、七歳の少年たちにはこれは余りにも刺激が強過ぎたのだ。（略）「そんな阿女《あま》に見とれていると下士官のビンタが飛ぶでえ」と兵隊たちに言われてハッと我にかえった。

沖縄本島に皇軍の大挙駐屯以来、駐屯地近くには必ず慰安婦なるものを配置し、軍人慰安所と墨痕淋漓大書されていた。（略）

そして今、追いつめられて地に潜り、兵や私たちと同様、その身の置き所にも苦しみ、揚句は男同様の肉体労働が課されているのである。

兵たちは口々に、円匙を使う時「腰の入れ方、使い方が悪い」の「股の開き方、閉め方が足りない」のと卑猥な言葉を投げかける。口をつぐみ、悲痛な面持ちをした彼女たちは慣れない手付きで円匙を使っている。（略）

こうして兵が掘り、学徒兵と彼女たちが円匙で土を抄い、学徒兵がトロッコで捨てに行くという作業が繰り返されていった。（略）

彼女たちの宿泊所は知らないが（軍司令部洞窟内であることは彼女たちの話しぶりから察せられるのだが）、此処に来るまでには絶えず兵隊たちの淫らな視線とことばを浴びるとのことであった。（『南の巌の果まで』六八～七一ページ）

池原徳英の記録「沖縄戦・敵中突破——沖縄警察別動隊の記録」は、渡久山のようには詳しくはないが、「金城、座波山の入口付近は、炊事場になっていて、女子挺身隊（主として元辻町の娼妓で十・十空襲後、徴用されて慰安所で働いていた）が百人位いて、炊事や、爆撃で落ちる土砂等を壕外に運び出す仕事に従事していた」（同一五九ページ）と、淡々と記述している。

司令部壕内に慰安所が置かれ、営業していたわけではない。女性軍属以外に、八原の言う「偕行社の芸者」や「辻町の遊女」たちは、炊事のほか、ショベル（円匙）を手にし、洞窟内の土砂を抄《す》くっていたのだ。兵隊の淫らな言動にさらされながら。

沖縄戦では珍しくなかった「住民虐殺」と「慰安婦」——。司令部壕周辺でも起きたし、壕内にもいた、というだけである。隠す必要はない。事実は事実として淡々と伝えるのみである。

県民は如何にしてスパイになりしか

「兄さんはスパイじゃない」

一九八七年二月、那覇市松尾の病院街にある医院を訪ねた。入院しているという老婦人(嘉数芳子)に会うためであった。受付に聞いて、病室に入った。彼女はベッドの上で起きていた。私はあいさつをして、四〇年前の沖縄戦で日本兵に殺害された彼女の兄について尋ねた。「兄さんはスパイじゃない!」。私は彼女の厳しい表情と語調の強さにうろたえ、「もちろん、分かっていますよ」と言うのが精いっぱいだった。

彼女の「兄さん」とは照屋忠英(当時、本部国民学校校長、五三歳)のことである。照屋は一九四五(昭和二〇)年四月一八日、沖縄本島の北、本部半島の伊豆味で日本兵に殺害された。

取材のきっかけは、中曽根政権が成立を目指した「国家秘密法案」(正式には「国家秘密に係るスパイ行為等の防止に関する法律案」)だった。同法案は一九八五年六月、議員立法として提案された。民主主義の危機として野党が猛反発し、国内メディアも反対を表明した。自民党は数で押し切れなかった。党内にも反対する議員がいた。そして同年一二月二一日審議未了で廃案となった。県内外のマスコミは反対の論陣を張り、琉球新報社は法案反対を表明した。しかし、自民党は「防衛秘密法案」に名称を変えて一九八七年一月開会の第一〇八国会へ再上程の動きを見せた。琉球新報社会部内で、法案への声を県内各界・関係者から聞くという連載を一九八七年二月から始めることになった。キャップは社会部遊軍デスク。私は、警察・司法担当のキャップで、戦前、高等警察だった人、治安維持法で弾圧された経験のある戦前の新聞記者に会って話を聞いていた。その折、日本軍に殺害された照屋校長の肉親である妹が入院していることを知って、出掛けたのだった。

沖縄師範学校の教員としてひめゆり学徒を引率した仲宗根政善は今帰仁村与那嶺の出身で、照屋は仲宗根が結婚したときの仲人だった。郷里の先輩をすぐれた教育者として敬慕していた。照屋は、一八九二（明治二五）年三月、伊豆味の生まれ。一九一四（大正三）年、大宜味村喜如嘉尋常小学校の訓導を振り出しに殺害されるまでの三一年間、教職にあり、三五歳で校長（国頭尋常高等小学校）になるほどの教育者であった。一九四二年から本部国民学校長を歴任している。

照屋忠英顕彰碑＝本部町伊豆味

三三回忌に合わせ、照屋校長の教え子や関係者が奔走し、記念誌の発刊と顕彰碑建立に尽力した。一九七七年四月二四日に顕彰碑除幕式と追悼会が営まれ、仲宗根は祭文を読むことになった。日記（『ひめゆりと生きて　仲宗根政善日記』(9)）で次のように書いている。

注9　『ひめゆりと生きて　仲宗根政善日記』（琉球新報社、二〇〇二年）

沖縄戦のさなか、御真影を白布につつみ、首にかけて、砲弾の中を右往左往されたのであった。それを日本軍からスパイの嫌疑をかけて銃殺されたらしい。死体のそばには、日本兵のノートがおちていた。死体収容に来た肉親の者が、ノートをおそるおそる開いて見ると、その中に、銃殺すべき住民のリストがあったという。(『ひめゆりと生きて　仲宗根政善日記』二〇〇ページ)

さらに、照屋校長の思い出を綴る。

農村経営研究会の時、農村の窮状を詳細に調査され、それを報告されたとき、壇上で石川啄木の歌をひきながら涙を流しておられたことをおぼえている。至誠一貫教育道に精進された偉大な教育者であった。頭脳が明晰で、音楽も体育も出来る卓越した才能をもち、沖縄教育界の先頭に立って、常に先駆的な活動をされた方であった。先生の学校経営は、沖縄教育の範であったのである。(同一九九～二〇〇ページ)

また、照屋校長が日本兵からスパイとして殺害されたことに触れた後、南風原の陸軍病院で起きた自らの体験を書いている。

近くの民間壕にいた百姓が、娘が爆弾で負傷したので、助けを乞うて、陸軍病院壕にかけこんで来たことがあった。娘は苦しみにたえかねていた。何とか軍の方で手当てを施していただきたいというのが、親の必死の嘆願であったのである。それは、そばで見ていて誰にもうなづけた。しかし、陸軍病院の軍医は、この百姓にスパイの嫌疑をかけた。厳しい尋問をしつづけ、二昼夜も、壕にとどめおいて、負傷した少女を泣かせていた。

軍の首脳部からあるいは、住民のスパイに注意するようにとの伝達があったのではないかと疑われる節もあった。生徒たちは、泣き叫ぶ少女をいたわりつつ、軍のつめたい仕打ちに憤っていた。（同二〇〇ページ）

本部半島では、多くの有志がスパイとして日本軍にねらわれた。事実スパイ嫌疑をかけられて銃殺された者もいた。（同二〇一ページ）

そして、仲宗根は照屋校長殺害を「沖縄戦の罪悪として、長く後世に残しておく必要がある」と書いた。

「暗黒の世界に光明」

三三回忌にあわせて、照屋忠英遺徳顕彰期成会（会長山川善三）は殺害現場近く、県道八四号沿いに顕彰碑を建立した。三三回忌の命日となる一九七七（昭和五二）年四月一八日のことである。

照屋忠英先生は、人格高潔、至誠温和で、責任感強く、実践躬行の教育家であった。

ところが、大東亜戦争中、沖縄決戦場の混迷の中に、ここ生誕の地において、無惨な最期を遂げられた。われら教え子、同僚、知友、後輩は、先生の遺徳をしのび、ここに無念の碑を建立する。（顕彰碑文）

碑文ではスパイには触れていない。顕彰事業として、このほか『鎮魂譜――照屋忠英先生回想録』[10]も出版された。

『回想録』では、「同僚の回想」「後輩の回想」「教え子の回想」「遺族の回想」が載せられ、人柄を偲ばせる内容となっている。私に「兄はスパイではない」と言い切った八歳下の妹・嘉数芳子も兄について長い回想録を寄稿した。嘉数は元教諭で、私が取材した時は八七歳になっていた。書き出しは「暗黒の世界に光明を見いだしたような、今日この頃でございます。ほんとにながいながい苦しい年月でございました」。この言葉に戦後の長い間、遺族の受けた苦しみ、無念さがにじみ出ている。

照屋校長の妻タエは山中で避難中に米軍の爆撃を受け、四月一四日に死亡した。戦後、遺族が夫婦の叙勲申請をしたところ、一〇年ほどしてからタエだけに勲八等瑞宝章が届いた。遺族によると叙勲申請は、父の汚名を国に晴らしてもらう願望からであったが、現実はスパイという風評をもとに棚晒しにされ、叙勲されたのは三三回忌以降である。

息子二人は軍隊に（長男台湾、次男浜松の航空隊幹部候補生）入隊しているし、末弟は満州で現地招集、甥（私の一人息子）も飛行隊で満州駐屯と、身内から四人も軍隊におくっていた兄です。国家があって国民があり、親があって、自分たちがある。

注10　『鎮魂譜――照屋忠英先生回想録』（照屋忠英先生遺徳顕彰碑期成会、一九七四年）

忠誠と孝行は一筋だと愛国心を奮い立たせるような教訓をされた幼ない時のことを思いだす。兄はまことに忠君愛国の至情に燃えた愛国者でした。毎朝、直立不動の姿勢で東の空に向って両手を合わせて拝んでいた兄、祖先の位牌を山小屋で拝んでいた兄、皇軍の勝利と身内の安泰を祈っていたのではないでしょうか。(『鎮魂譜　照屋忠英先生回想録』一七七ページ)

そんなふうに嘉数は兄の忠君愛国ぶりを回想している。

照屋忠英の殺害事件は、戦後五年後に出た『鉄の暴風』を皮切りに山川泰邦『秘録　沖縄戦記』[11]、『沖縄県史　第10巻各論編9　沖縄戦記録2』[12]、佐木隆三『証言記録　沖縄住民虐殺』[13]などで紹介されている。いずれもスパイ容疑で日本軍に殺されたことでは一致するが、殺害方法は拳銃で射殺、銃剣で刺殺と異なっている。現金二千円を所持していたから、殺害されたとの噂もあった。

最初に記録された『鉄の暴風』では次のような描写だ。

> 男は本部国民学校々長照屋忠英だった。山中を、さまよう中に、迫撃砲弾で、妻が死に、単身、「御真影」を抱えて、途方に暮れていた。日本軍の、陣地に、行きさえすれば、或いは、無事に奉護の責務を果たすことが、できるかも知れぬ。——と思った。彼は、ひどい聾だった。照屋校長が、すっかり、諦めて、そこを立ち去った直後、急に、迫撃砲弾が、陣地付近に射ち込まれた。歩哨の注進に、陣地が、騒ぎ出した。「怪しい、と思ったら、確に、あの男の仕業だ、スパイだ。」照屋校長は、背後から拳銃

注11　山川泰邦『秘録沖縄戦記』(読売新聞社、一九六九年)

注12　『沖縄県史　第10巻各論編9　沖縄戦記録2』(沖縄県教育委員会、一九七四年)

注13　佐木隆三『証言記録沖縄住民虐殺』(徳間書店、一九八二年)

弾を蜂の巣のようにあびせられた。（『鉄の暴風』二九二ページ）

照屋校長が御真影を持っていなかったことは、はっきりしている。県下各学校の奉安殿にあった天皇・皇后の写真は、一〇・一〇空襲直後から北部疎開が取り沙汰され、翌年の一月、県当局は渡嘉敷親睦元那覇国民学校長を隊長として奉護隊を結成させた。いわゆる御真影奉護隊である。その際に御真影は沖縄本島、周辺離島一二〇校から集められた。三月になって羽地村源河川上流にある大湿帯の県有林事務所に移動した。さらに山肌を掘削し、奉安壕にした。そこでは毎朝、皇居遙拝が行われた。四月二九日の天長節（昭和天皇の誕生日、現在は昭和の日）には拝賀式も行われ、「君が代」がうたわれた。隊員の髪・ヒゲは伸び放題で、まるで山賊のようであったという。六月二八日、沖縄守備軍第三二軍が壊滅したことを知り、三〇日に御真影は焼却された。「君が代」が歌われ、隊員らは号泣したという。

宇土部隊

照屋校長を殺害した日本軍は、国頭支隊（球七〇七一部隊）で、宇土武彦大佐が隊長であったことから宇土部隊とも呼ぶ。国頭支隊の正式な名称は独立混成第四四旅団の中の第二歩兵隊である。同旅団の長は鈴木繁二少将、参謀は京僧彬少佐。

沖縄守備軍に編入される独立混成第四四旅団は、鹿児島・熊本・宮崎県など南九州出身者で編成された。第一歩兵隊（長は柴田常松大佐）は鹿児島の第四五連隊、第二歩兵隊は都城

宇土部隊（国頭支隊）関連地図

（注）→は米軍の侵攻経路、破線は米軍の到達ライン、数字は日付。

の第二三連隊で編成された。歩兵部隊のほかに熊本で編成された旅団砲兵隊、旅団工作隊が配属された。歩兵隊には大隊本部、三個大隊、大隊砲中隊、速射砲中隊が加わった。一個大隊には三個中隊と機関銃中隊の四個中隊で編成された。

さらに独立混成第四五旅団（長は宮崎武之少将）が四国の丸亀、徳島、高知、善通寺の各連隊で編成された。連隊ごとに訓練を受けた第四五旅団は、宇高連絡船で四国を離れ、列車で鹿児島へ集結した。先島へ送られる第四五旅団は定員の六割が動員され、残りは現地召集者で埋める方針だった。

米の「群狼作戦」と富山丸

沖縄航路はすでに米潜水艦による攻撃により船舶の遭難が激増していた。米国はハワイ真珠湾攻撃が戦時国際法に反する「闇討ち」に当たるとして潜水艦による無制限攻撃作戦に方針を転換した。一九四三年春、沈没した日本輸送船から船舶暗号書を引き揚げて暗号解読に成功。一九四三年四月以降、約一〇〇隻の潜水艦部隊が「群狼（ウルフパック）作戦」と呼ばれる船舶の大量撃沈作戦に乗り出した。南西諸島近海では、沖縄関係船舶の嘉義丸（一九四三年五月二六日）、湖南丸（同一二月二一日）、台中丸（一九四四年四月一二日）、宮古丸（同八月五日）、対馬丸（同八月二二日）が撃沈された。

鹿児島に集結した第四四旅団の兵士は、戦闘訓練のほかに、海上輸送に備えて、鹿児島湾停泊中の輸送船で梯子の上り下り、救命具の付け方の訓練を受けた。漂流を想定して鰹節一本、長さ一五〇センチほどの細ひも一本配られた。四国の丸亀連隊でも乗船訓練を実施したほか、身長大の青竹が各自一本支給され、緊急の場合に筏が組めるよう準備された。

一九四五（昭和二〇）年六月二五日、鹿児島港は乗船する将兵と、見送りの家族でごった返していた。四国で編成された独立混成第四五旅団は、二四日には富山丸（日本郵船）への乗船を終えていた。乗船しても二日間、船中待機となった。理由は、米潜水艦が鹿児島湾口に出没している、との噂からという[14]。

ついに出発の日が来た。六月二七日正午である。富山丸が先頭になり、輸送船一一隻、護衛艦四隻の船団を組んだ。富山丸は七三八六トンの貨物船。船団の中では一番大型だったが、スクリューのひとつが駄目で、速力は半減していたと言われる。貨物船の船倉は三段に仕切られ、板張りの上にムシロを敷いた。天井は低く、一坪当たりに一一人の兵士が押し込められ、足を伸ばすこともできない。ある兵士は「通風の設備もなく、船内は蒸し風呂状態、異臭が立ちこめ、息の詰まる思いだった」と記録している。

前方ハッチには主に第四五旅団、後方ハッチに第四四旅団が占めた。両旅団合わせて約四五〇〇人の将兵のみが貨物船に乗っただけではない。甲板には大砲、重機関銃、野砲、速射砲、弾薬、食糧、軍馬、自動車が積載されていた。さらに、船底には、弾薬のほかガソリンの入ったドラム缶一五〇〇本が積まれていた。船団は米潜水艦の攻撃を避けるためジグザグにコースを取って南下し、二八日午後三時ごろ、奄美大島の古仁屋港に無事入港した。

古仁屋港で一泊して、二九日午前四時、船団は沖縄を目指し、東支那海を南下した。将兵は午前七時まで甲板に出てはならない、と厳命されていた。そして七時過ぎ、蒸し暑い船倉で我慢していた兵隊らが甲板に上がってきた。徳之島沖を通過するところだった。安

注14　福地曠昭『燃える海——輸送船富山丸の悲劇』（海風社、一九八九年）

堵したのもつかの間、富山丸の右方を航行していた波之上丸が突然汽笛を鳴らした。米潜水艦スタージョンが放った魚雷を避けられず、命中していた。

船団の護衛駆潜艇の見張り台から、潜水艦からの発射気泡が見え、「魚雷発射」が伝達された。汽笛を鳴らし、船団に知らせると同時に爆雷攻撃を始めた。船団はいずれも船体を九〇度かえて回避したが、富山丸は船体が大きいうえに約四五〇〇人の将兵、ガソリンなどを積んでいることもあって、向きを変えるのが遅く、魚雷が命中、さらに船体中央にも魚雷を受けた。空中高く水柱が上がり、水柱が海面に下ったときには、富山丸の姿は見えなかった。

この遭難での死者は三七〇〇人余といわれる。助かった者はわずか七〇〇人。戦える者は約五〇〇人。味方の船も多かったのに助けられなかったのは、富山丸に積んでいたガソリンが海上に流れ、火の海になったからである。宇土大佐は火の海から生還した一人で頬や首のまわりには火傷のあとがあったという。

富山丸は一九一五年、三菱長崎造船所で建造された。同タイプの貨物船に対馬丸がある。富山丸は一九四三年陸軍に徴用され、陸軍輸送船として改造されていた。なお、富山丸を撃沈した米潜水艦は護衛船から爆雷攻撃を受けたが、被害はなかった（大本営は撃沈したと発表していた）。さらに大本営はほかの船舶遭難と同じように富山丸遭難も隠蔽した。米潜水艦スタージョンは数発の魚雷で二個旅団を壊滅したばかりか、武器弾薬・燃料、車両、軍馬にいたるまで海底に沈めていたのである。

戦後一九六四年六月二九日、徳之島亀徳に慰霊塔が建立され、二〇一三年には五〇回目の慰霊祭が行われた。

補充兵を乗せた船も遭難

旅団壊滅のため、第三二軍の要請で急ぎ、独立混成第一五連隊（美田千賀蔵大佐）を千葉県習志野で編成し、七月六日から一二日にかけて全員を空輸して穴埋めした。第一歩兵隊は復員して解消した。さらに、熊本、宮崎、大分各県の補充兵約三千人を都城に召集し、宇土部隊として八月一〇日鹿児島から那覇へ送り出した。しかし、この部隊を乗せた貨物船も奄美大島沖で原因不明の出火を起こす。その模様は熊本県で補充された熊本県出身の犬童勝二等兵の体験をまとめた渋谷敦の『異色戦記　沖縄脱出』(15)で次のように書かれている。

　午後三時頃、船ではついに退船命令が出た。傾いた船からはこぼれるように兵たちが海にとびこんだ。それを漁船が救い上げる。しかし船底に積んでいた軽油が流れ出して海上はたちまち火の海と化し、見るにたえない焦熱地獄を現出したのであった。

（『異色戦記　沖縄脱出』三九ページ）

同じく補充された鹿児島県出身の森杉多兵長も『空白の沖縄戦記――幻の沖縄奪還クリ舟挺身隊』(16)で、遭難の様子を書いているが、内容が異なっている。

森が入隊した補充部隊は宮崎県都城の連隊で、隊長は井川正少佐（宇土部隊の第一大隊長として伊江島防衛に当たり、戦死した）。将兵は約六〇〇人。既に対馬丸は沖縄からの疎開学童を

注15　渋谷敦『異色戦記　沖縄脱出』（日本文華社、一九七一年）

注16　森杉多『空白の沖縄戦記――幻の沖縄奪還クリ舟挺身隊』（昭和出版、一九七五年）

乗せたまま、米潜水艦に撃沈されていた。井川少佐は、出発前に鹿児島県立第一中学校の集会室で将兵を前に訓示した。

「われわれはいよいよ明日出発する。……この戦争、えらい人たちが言うように、絶対不敗などということはないんだ。戦争はもう敗けているんだ。そういう戦争にわれわれは出かける。ほんとにご苦労だ。……しかし、われわれは生きて還ろうじゃないか。……そして、あの桜島を、みなで一しょに見ようじゃないか。……きっと見ようじゃないか」（『空白の沖縄戦記』一六ページ）

八月下旬夕刻、六〇〇人はわずか七〇〇トンの輸送船（十信丸）に乗船、他の数十隻の大船団とともに鹿児島港を出た。夜遅く、船倉に積んでいたカーバイトが浸水で発火し、船火事となった。船倉には弾薬・ダイナマイトも大量に積んでおり、大混乱となった。井川少佐と船長は海水を注水しながら名瀬港に向け走らせた。そして全将兵を、はしけで下ろし終わった後に沈没した。森はこうした指揮ぶりをみて、「井川少佐は戦争にも強いだろうと思った」と述懐している。

八重岳の陣地

宇土武彦大佐は七月七日、那覇に到着。独立混成第四四旅団長から「国頭地区隊」として名護付近に布陣することを命じられた。その後、第九師団が台湾軍へ引き抜かれたため、一一月、第三二軍は配備を変更する。第二歩兵隊には三個大隊があるが、第三大隊（長・小崎少佐）は鈴木旅団長とともに首里へ、残る二個大隊を宇土大佐が指揮し、北部・国頭方面の防衛にあたることになった。そして、第一大隊（長・井川少佐）が伊江島配備となったため、宇土部隊には主力としては第二大隊（長・佐藤富夫少佐）しか残らなかった。このため、本部半島の陣地は八重岳（四五三・五メートル）真部山[17]を中心とする地区に縮小した。

第二大隊の六七七人のほか、速射砲中隊（長渕昌幸中尉、六〇人、砲四門）、歩兵砲中隊（清水一義中尉、一二六人、砲四門）、特設警備第二二五中隊（西銘生一郎中尉、一四七人）が本部半島の要所に布陣した。このほか、配属将校の谷口博中尉が指揮する県立第三中学校の鉄血勤皇隊、看護要員として県立第三高等女学校の生徒も動員された。

本部半島八重岳へ至る道＝1945年5月、米国海兵隊撮影、沖縄県公文書館所蔵

さらに、陸軍中野学校を出て秘密戦、遊撃戦を任務とした村上治夫大尉率いる第三遊撃隊（第一護郷隊）約五〇〇人が多野岳に、岩波寿大尉の第四遊撃隊（第二護郷隊）約四〇〇人は、恩納岳、石川岳で遊撃戦を準備した。隊員は若い在郷軍人、青年学校、県立第三中学校生徒などを防衛召集した。遊撃隊は防諜の意味で護郷隊と呼ばれた。

第三二軍首脳は、米軍が伊江島を占領し、飛行場が使われることを恐れ、出来たばかりの飛

注17　方言でもマブヤマという。標高三九四・一メートル。八重岳の西側、大嘉陽、辺名地に位置する。

米軍が使用できないように日本軍が伊江島の飛行場を破壊した様子＝1945年4月12日の上陸前米海兵隊が撮影、沖縄県公文書館所蔵

行場を破壊したが、さらに本部から伊江島周辺の米軍を攻撃するために、独立重砲兵第百大隊（河村秀人中佐）所属の一五〇ミリ加農砲（キャノン砲）二門（平山勝敏大尉、一二四人）を宇土部隊に派遣した。同砲は当時の日本軍が持つ最強の火砲だった。サイパン逆上陸部隊として準備されたのが同大隊で、沖縄守備軍へ編入され、一九四四年七月、那覇に上陸した。

第三二軍の八原高級参謀は、この加農砲に期待していた。彼は、米軍が本部攻略の前に伊江島上陸戦を展開したときが加農砲の活躍する場面だと考えていたが、事実は、八重岳攻略が先だった。米軍は名護上陸（四月六日深夜）を果たした後、七日には名護市街を制圧した。さらに、戦車を先頭にして、伊差川、呉我に進出、本部半島の付け根を抑えた。一部は名護湾に沿って屋部、安和に進出し、八重岳地区を包囲する態勢を取った。

朝鮮出身将校の平山大尉は何度も一五〇ミリ加農砲の使用を具申したが、宇土大佐は許可しなかった。理由として米軍からの反撃を嫌がったから、といわれている。そしてついに八重岳麓の芭蕉敷（本部町）に設置した火砲近くまで米軍が接近したのを受けて、火砲二門を破壊し、退却した。

酒を飲んでぐちこぼす

八重岳をめぐる戦いで、宇土大佐の評判はよくない。宇土大佐は当時五二歳だった。

　宇土大佐はよく熊田正行副官を相手に酒を飲んだ。地酒の泡盛はきらいといって、わざわざ取り寄せた酒である。それに羽地から伴った三人の女性が、大佐の身のまわりを世話している。蔓草や、いばらや、蘇鉄に覆われた谷の深い八重岳、椎の木や琉球松が鬱蒼と生える険阻な密林の中腹に、兵は壕を掘ってひそみ、支隊長は俄作りの藁編みの、むしろで囲んだ掛け小屋に住んで指揮をとっていた。

　しかし、この山小舎には、いつも大佐の洗濯物のそばに、艶めかしい女の下衣が風にひるがえっている。これは部隊の兵士たちにまで知られている事実であった。（『異色戦記　沖縄脱出』四六ページ）

さらに、飲むと愚痴もよく出た。

「司令官の牛島満中将（陸士二十期）はともかく、俺は陸士の二十七期、参謀長の長勇少将は俺より一期下の二八期だぞ、高級参謀八原博通大佐はビルマで偉功を樹てたとはいえ、陸士の三十五期だ。こんな後輩にあごで使われて、俺はこの山の一支隊長、

なあ熊田、わかるか、俺の気持ちが……」（同四六～四七ジペー）

そして、各中隊長や特科部隊長を名指しで呼んで、女たちに酌をさせた。しかし、民間各隊の中隊長、沖縄出身の西銘中尉は決して呼ばなかった。

『鉄の暴風』には次のような宇土大佐をめぐる恐るべきことが書かれている。

十二日昼、陣中の反逆行為と称する騒ぎが、八重岳の陣地で持ち上った。上半身を裸になった一人の下士官が、何か喚き散らしながら、炊事場に暴れ込んだ。「宇土大佐は女とばかり壕に引っこもって、それで一体戦争ができるのか。あんなつまらぬ上官は、日本軍隊の恥だ。生かしてはおけぬぞッ」と叫ぶと、手にしていた手榴弾を、炊事場に叩きつけた。（『鉄の暴風』二九五～二九六ジペー）

下士官は、清末大尉が指揮する歩兵砲班の松田伍長だった。手榴弾は爆発せず、騒ぎをききつけて駆け付けた瓜生中尉は、松田を叱責し、日本刀で斬りつけた。瓜生は僧侶の出という。

『鎮魂譜　照屋忠英先生回想録』で、照屋校長の妹・嘉数芳子は、伊豆味国民学校に宇土部隊が駐留すると、自分の家が部隊長宿舎になった、と書いてある。広い家に部隊長と当番兵が住み込み、嘉数の家族五人は伯母の家族四人で本家の六畳間にひしめきあわねばならなかった。その中で我慢ならないことが起きた。名護の料亭から女を連れてきて、当番兵に奥様と言わせたのだ。

私はもうがまんができません。嘉数の家は汚されたと門前で叫びました。その事を兄に申しますと、何事も穏忍自重せよ、勝つまでは目をつむれと申します。その汚れた家も二十年四月山小屋にひきあげてまもなく米軍に焼かれてしまいました。(『鎮魂譜　照屋忠英先生回想録』一七七ページ)

安和岳山頂付近に残る陣地跡＝名護市勝山

特攻艇部隊などの海軍部隊は四月六日には国頭支隊に合流するため、八重岳に移動していた。宇土部隊の陣地は八重岳と真部山の間に宇土支隊長の詰める第二歩兵隊本部、その西側に佐藤少佐の第二大隊本部があり、その周辺を第四、第五、第六中隊が囲むように布陣していた。安和岳(四三二メートル)には第五中隊の第二小隊、嘉津宇岳(四五二メートル)には同じく第三小隊が布陣した。標高は五〇〇メートルにも足らないが、山岳地帯である。安和岳には今なお、陣地の跡が残る。

四月一〇日、米軍は渡久地に進出し、運天港も占領した。米軍の猛攻は続いた。第二小隊は一三日、前進してきた米軍の部隊を撃退したが、安和岳、嘉津宇岳は一六日には占領された。

宇土支隊長は、羽地大川を越えた山岳地帯にある多野岳（当時の記録ではタニヨ岳、三八五メートル）への転進を一六日午後三時に命令、自らも夕刻には八重岳を離脱した。本部半島の付け根部分は米軍が占領しており、敵中突破を迫られる状態で、多大な死傷者を出した。その中で佐藤大隊長も戦死した。戦闘中の第一線の各中隊に、転進命令が届いたのは夜に入ってからで、西側を守っていた第四中隊には一七日午前一時頃、伝えられた。

住民を機銃掃射

米軍に追われ、住民の多くも八重岳周辺の守備軍陣地に逃げてきた。そのとき惨劇も起きた。『異色戦記　沖縄脱出』にはその模様が描かれている。

瀬良垣はきっぱり言った。

今日の午後、谷底の米兵に追われ、ここの陣地まで命からがら這い上って来た沖縄の住民たちが、味方の陣地から射った軽機関銃で、なぎ倒されるのが見えた。老人や子供も混っていて、中に、一人の娘が、大きく背伸びして、

「助けて――、味方でーす」と叫んでいるのが見えた。

しかし狂った軽機は敵味方の区別なく射ちまくり、乙女もそのまま倒れていった。犬童二等兵はそのとき、――あれは女子挺身隊員の一人だ――とはっきり思った。瀬良垣や宜野が、

「射つな、射ち方やめー」

と叫んだとき、惨劇は終っていた。そして敵の砲弾がその上に炸裂して、戦いはそのまま続けられていったのだ。

「沖縄の住民が、日本軍に殺されるのを見たとき、私たち沖縄の者は、誰のために戦うのかというよりも、何故、アメリカ軍と日本軍の両方から殺されねばならないのか、理解に苦しみます。古兵殿、私は陣地を放棄します。いまは戦う意味を知りません」

彼は静かに言って立ち上がると、頭にまいていたはちまきを片手でひきむしって、壕の外になげすてた。(『異色戦記　沖縄脱出』一一二～一一三㌻)

瀬良垣、宜野は現地召集の二等兵だった。二人は犬童二等兵の部下で、犬童を古兵殿と呼んだ。瀬良垣は恩納村出身、一〇・一〇空襲で母、子供が死亡し、妻と乳飲み子を残して従軍していた。

八重岳周辺を陣地化した宇土部隊は、二五歳以下の未婚女性を集めて戦力化するため女子挺身隊を編成した。作業内容は「国民学校の運動場や実習地一町五反歩にキャベツを作って軍の食糧にする」「女子青年の精神教育及び対敵教育を行い、組織的に戦力化する」だった。

犬童勝二等兵は第二歩兵隊第二大隊第五中隊所属。熊本師範学校卒で、補充兵として召集されたときは青年学校の教官だったこともあって、六〇人もいた挺身隊の教官に任命された。毎週火曜、金曜の二日が訓練日であった。竹槍を持っての行進やキャベツの植え付け、肥料やりのほか、軍歌や唱歌、沖縄民謡など合唱を楽しむこともあった。

女子挺身隊は米軍上陸前に解散している。犬童を教官に任命した三角光雄中尉(第二大隊副官）は、次のように命令している。

「戦闘となったら女子は邪魔だ。それぞれ親元にかえして山の中にかくれてもらう。病院の看護婦になってもらうのも一法だが、それは県立の女学生たちが割当てられてもう配備完了している。そこで君の女子挺身隊は、今日限り解散し、あんたの教官としての任務を解く。以上が支隊長命令だ」（『異色戦記　沖縄脱出』五八ページ）

三角中尉は犬童の青年学校時代の同僚だった。そのよしみか、犬童には「伊江島行きを打診されたら、断れ」と助言している。

三中学徒隊

八重岳の中腹にあった県立第三高等女学校の生徒一〇人が看護要員として動員された野戦病院名護分院には米軍の攻撃を受けて運び込まれる負傷者が続出した。病棟は石垣を積んで平坦にし、その上に小屋を建てたもので、その石垣は戦後の今でも残っている。国頭支隊に多野岳への転進命令が出たが、その際重傷患者は置き去りにされた。手榴弾一発が枕元に置かれ、三〇〇人が放置された。傷病兵はわずかばかりの野戦食で飢えをしのいだが、自らの運命を悟って自決する者もいた。そして、五月上旬ごろ、残敵掃討に来た米軍の一隊に小屋とともに焼かれ、悲惨な最期を遂げた。

宮古・八重山を含めて県下の中等学校・実業学校は、上級生を中心に学校ごとに鉄血勤皇隊が編成された。名護町にあった県立第三中学校（山田有功校長、谷口博配属将校）も同様である。最初に三年生が三中学徒隊、同通信隊を編成した。歩兵部隊が一〇〇人、通信隊四七人（有線、無線、暗号）で、一月中旬ごろ宇土部隊に配属され、初年兵として訓練を受けた。歩兵部隊は約二カ月間訓練を受けた後、一旦帰校したが、通信隊の生徒はそのまま帰校することもなく、沖縄戦へ突入した。

三月二四日、米軍の空襲が本格化した。三中の生徒に非常召集がかけられ、伊豆味国民学校に集合、そこで編成されたのは通信隊を除いて、第三遊撃隊に配属される約二〇〇人（二年から五年生）、鉄血勤皇第三中隊に約二〇〇人（二年から五年生）。一年生は帰宅させられた。当時三年生だった宮里松正[18]は、第三中隊の本部に配置された。中学生は小銃すら与えられず、学生服に学帽を被り、竹槍のみを持たされたのもいた。その体験を宮里は、『三中学徒隊　沖縄戦で散った学友に捧ぐ鎮魂の詞[19]』につづっている。

> その時に宇土部隊から支給された武器は、僅かに九九式の小銃五〇挺位と軽機二挺だけで、あとは全員に手榴弾二個づつ配られただけであった。軍服や軍靴なども、全体の二分の一位にしか、支給されなかった。（『三中学徒隊　沖縄戦で散った学友に捧ぐ鎮魂の詞』八五ページ）

宮里らは、せめて小銃だけでも全員に支給して欲しい、と要請した。それに対して、谷口隊長は「本隊に与えられた任務は、主として、敵の動きを撹乱する遊撃戦と、敵陣に対する特攻斬込みである。従って、武器は、これだけあれば十分である。あとは、手榴弾と

注18　宮里松正は一九二七（昭和二）年一一月、本部町山川生まれ。一九四二年、県立第三中学校入学。戦後は名護高校から日大法学部を卒業して司法試験に合格。終始一貫して沖縄の祖国復帰運動に身を投じ、琉球政府副主席、沖縄県副知事、衆院議員などを歴任した。兄の松永は学徒動員し、鹿児島県万世飛行場から特攻出撃した。

注19　宮里松正『三中学徒隊　沖縄戦で散った学友に捧ぐ鎮魂の詞』（三中学徒之会、一九八二年）

爆雷を使って戦う」（同八六ページ）と答えている。

武器の支給については、『空白の沖縄戦記』でも中学生兵士に同情した記述がみられる。

鉄血勤皇隊は小銃と手榴弾と竹槍しか持たされていなかった。もともと正規兵の補助要員として、斥候・連絡などに任じ、遊撃戦を主とすべき中学生部隊が、真先に米軍の攻撃にさらされた不運は大きかった（『空白の沖縄戦記』三四ページ）

三中学徒之碑＝八重岳山中（本部町側）

真部山では、第六中隊の志垣中尉が、鉄血勤皇隊の三中生とともに奮戦したが、次々に迫って来る戦車に対して、爆雷攻撃と手榴弾で対決するのがやっとだった。小銃は三、四人に一挺渡されただけだった。「少年兵達は、鉄帽なしで、白線の這入った学帽に、金釦の制服をつけたまゝで従軍した」（『鉄の暴風』二九八ページ）

三三年忌に当たる一九七七年四月一六日、生存学徒らは八重岳に「三中学徒之碑」を建立した。戦死者は一年から五年まで八八人。碑の場所からは伊江島がはっきり見える。

県立第三中学校の配属将校、高山代千八中尉に率いられた生徒十数人も八重岳の宇土部隊に合流した。高山はガダルカナルから傷痍軍人として帰還した。沖縄戦では南部が激戦地と見透かしたのか、生徒には「南に行くな」と話したという。沖縄戦直前の三月、二中は金武村金武国民学校へ移動する。これは高山の判断だった。しかし、高山は三月下旬には学徒隊を解散している。高山はわずかな生徒を率いて八重岳で戦い、さらに多野岳へ撤退、そして六月一八日、サバニで与論島へ脱出した。

八重岳（本部側）から一望できる伊江島風景

伊江島の戦い

伊江島は三月二三日から連日のように空襲を受け、さらに艦砲射撃も続き、島の建物、施設は破壊し尽くされた。伊江島の守備軍は、第二歩兵隊の第一大隊約六五〇人、重機関銃中隊（一〇八人、重機八）、速射砲中隊（一一五人、速射砲六）、砲兵小隊（一一人、野砲二）のほか、飛行場大隊など戦闘に参加できる人員は約二千人といわれた。二月下旬、女性も女子救護班（一七歳から二四歳まで、一四〇人）、軍の炊事などを手伝う婦人協力隊（二五歳以上、六〇人）を編成した。（『伊江村史　下巻』[20]）

一六日、ついに米軍が上陸した。八重岳からは伊江島がよく見えた。米軍艦十数隻が西海岸に接

注20　『伊江村史　下巻』（伊江村、一九八〇年）

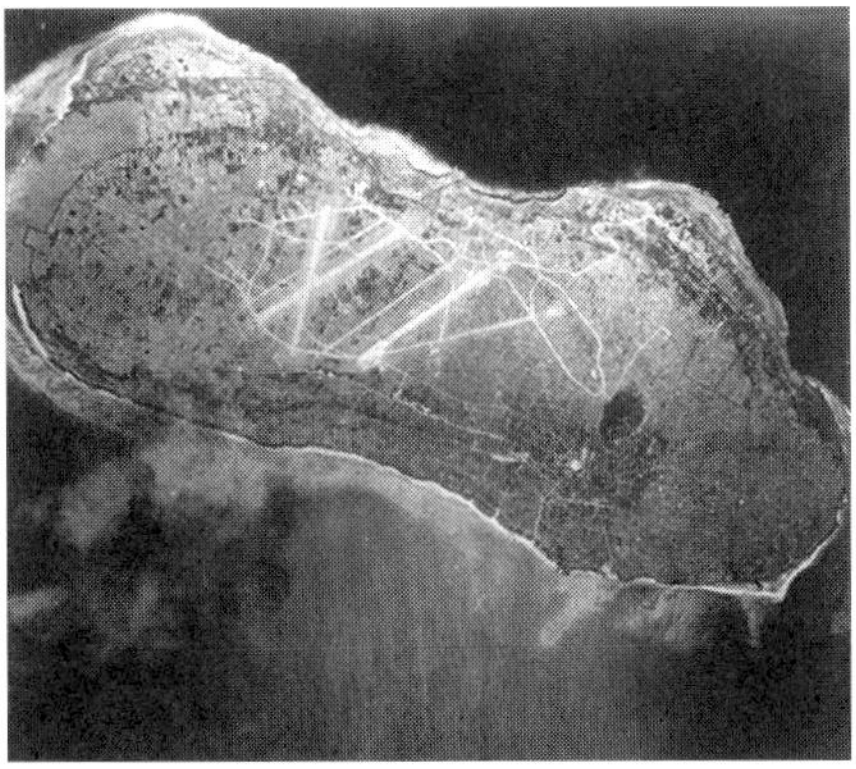

伊江島の空中写真＝年月日不詳、米海兵隊撮影、沖縄県公文書館所蔵

近し、艦砲射撃を加えた。飛行機も伊江島上空から集中的に爆撃していた。午前九時ごろ、伊江島の通信隊から米軍の上陸開始を伝えてきた。通信所にやってきた宇土大佐は、伊江島の井川少佐と直接無線電話交信を命じた。井川少佐と短いやりとりの最後に宇土大佐は「健闘を祈る」で締めくくった。この後、午前一〇時の交信が最後となり、午前一一時に八重岳から呼び出しても応答はなかった。

　米軍は戦車を先頭に三時間後には飛行場を占領し、二日後には飛行機の使用を始めた。守備軍の速射砲中隊は敵戦車に相当の被害を与えて全滅した。歩兵部隊は、残存兵をかき集め、島民・婦女子も加えて手榴弾、急造爆雷を背負って夜襲を繰り返した。伊江国民学校の場所は学校台地と呼ばれ、米軍は血塗られた丘と呼んだ。村長の真栄里豊吉（六三歳）は、自ら白鉢巻に手榴弾を握って夜襲に参加、学校台地の米軍陣地に突入した。女子救護班の五人（井川部隊本部付き）も爆雷を背負い、最後の斬り込みに参加した。戦後生き残ったのはわずか九人である。

　米軍上陸から六日目の二一日、城山に星条旗が翻った。米軍は、同日午後五時半、伊江島の完全占領を宣言し、次のように報告している。

「慶良間の場合と違って、日本軍は多数の民間人を戦闘員として使っていた。中には乳飲み子を背負った婦人もいて、こういう人たちが斬り込み隊に加わり、自ら死ぬと知りながら米軍陣地に突撃」したという。（「沖縄戦新聞第8号」「琉球新報」、二〇〇四年八月二二日）

戦闘中、兵隊と全然見分けがつかなかった。死体を点検して初めて民間人と分かった。軍服を着せられ日本軍の兵器を持った民間人はおよそ一五〇〇人と推定される。中には米軍の軍服を着たまま死んでいる民間人もいた。（同）

日本側の死者は軍人二〇〇〇人、住民一五〇〇人。集団自決も起きた。アハシャガマでは一〇〇人余が避難していたが、防衛隊員が持ち込んだ爆雷を爆発させた。サンザタ壕でも次々と手榴弾を爆発させ大勢が犠牲になった。一方、米軍の捕虜になった者は二一〇〇人。生存者は、伊江島から渡嘉敷島へ一七〇〇人、慶留間島へ四〇〇人が移動させられた。

沖縄戦から三一年後の一九七六年一月一七日、本部半島で行われた沖縄国際海洋博覧会の閉会式に参加する皇太子ご夫妻（現天皇皇后）が伊江島を訪問した。激戦地に建立された芳魂之塔で献花をし、参列した遺族には「どなたが亡くなられたのですか」などと声を掛けた。ちょうどサトウキビの収穫シーズンで、畑にも入り、農民に作物の出来具合をたずねた。さらに、皇太子は城山の中腹にある展望台にも上り、後日、「広がゆる畑　立ちゅる城山　肝ぬ忍ばらぬ　戦世ぬ事」と琉歌を詠んでいる。現在、城山にその碑が建っている。

敗残兵

多野岳への撤退途中に国頭支隊の第二大隊長、佐藤富夫少佐は戦死した。命からがら多野岳へたどり着いた将兵は、敗残兵であった。多野岳には第三遊撃隊本部が置かれ、隊長村上治夫大尉の指揮により活発なゲリラ戦を展開していた。隊の正規兵は隊長、中隊長、小隊長などの幹部将校、下士官だけで、兵員の大多数は現地召集の若者たちであった。

多野岳には、宇土部隊のほか、北・中両飛行場の守備を担当していた特設第一連隊の一部将兵も到着した。敗戦部隊の集合場所となったが、遊撃隊では握り飯を用意して配った。しかし、避難してくる住民も多く、トラブルも発生したことから村上隊長は、「敗残兵入るべからず」の張り紙を遊撃隊本部の立木に貼り付けて宇土部隊将兵の憤激をかった。遊撃隊では、隊長が八重岳の戦場から先に逃げ出した、と宇土大佐を見くびった。

米軍の攻撃が始まり、多野岳には迫撃砲、艦砲射撃まで集中した。四月二四日、山頂まで米軍が侵攻して、宇土部隊は退却する。重傷者は置き去りにされ、手榴弾で自爆した。そのとき下された部隊長命令は「兵は源河開墾で食糧の増産を図り、長期持久に備えて現地自給せよ」である。（『異色戦記　沖縄脱出』一三七〜一三八ページ）

大宜味村以北の集落には大勢の避難民も流入していた。敗残の宇土部隊は米軍の掃討を避けて山中で活動するが、食糧の入手に困難をきたした。住民とのトラブル、殺害も多くは食糧が起因している。既に宇土部隊が八重岳から多野岳へ脱出するときトラブルは起きていた。

食糧を持った住民たちは、飢えて傷ついた兵たちに襲われ、食糧の供出を拒んだ者は、戦闘の邪魔だとか、スパイだという名目で銃剣で突かれたり、山道で明りをつけて歩いた住民は軍刀で切られた者もいた。（同一一一ページ）

宇土部隊（国頭支隊）の解散

宇土部隊（国頭支隊）は、八重岳から多野岳に脱出したが、ここでも米軍の猛攻を受けてさらに北部の山中に逃げ込んだ。本島北部は、沖縄戦が始まる前に、第三二軍と県が住民の疎開場所に指定していた。食べ物がない、とそこを去った避難民もいたが、多くは戦火を避けて中南部から流れ込んできた避難民だった。その中に、宇土部隊の敗残兵も逃げてきた。

宇土部隊長の源河への転進命令は、宇土大佐指揮下の各隊の解体を意味していた。独立重砲兵第百大隊から派遣された平山隊、海軍の船舶工兵隊などは独自の遊撃行動を取るように指示された。

『空白の沖縄戦記』を書いた森杉多兵長の通信隊（東郷清一少尉）は、当初の六〇人から二〇人になっていた。四月二五日、有銘付近で、森兵長は、通信隊にたった一人ついてきた中学生から祖母の家が近くにあることを聞かされた。

「おばあさんが元気でいたら、もうおれたちのところへ帰ってこなくてもいいよ。いなかったら、お前の好きなようにしたらいいんだ」（『空白の沖縄戦記　幻の沖縄奪還ク

リ舟挺身隊』七七㌻）

森兵長の言葉を聞いて中学生は去って行った。

通信隊は有銘から平良、大保を通り、二六日の夕方、内福地に着いた。途中、多くの避難民の群れに出会った。

それらの老幼婦女子の集団は、四〇歳代と思われる二人か三人の男たちによって指揮されていた。げっそり頬のこけた男たちは、眼を血走らせ、列の先頭に行ったり後方に走ったりしながら、私たちと行き会ったために生ずる隊列の乱れをおさめようとしてやっきになっていた。女たちの中には、赤児を背負ったうえに、両手に重たそうな風呂敷包みをさげ、五つ六つの幼児の背中に毛布や茣蓙をくくりつけ、手に鍋をさげさせているものもあった。老婆は杖をつき、集団に遅れまいとして、必死の表情で悪路を急いでいた。（同七七～七八㌻）

避難民の多くは、那覇、首里地区をはじめ米軍が上陸した嘉手納以南の住民である。沖縄県はサイパン陥落の後の閣議決定により、学童の集団疎開、一般婦女子の県外疎開を推進したが、戦場となると見られた中南部にはまだ、足でまといになると見られる大勢の老幼婦女子が残っていた。県知事は、国頭地区の指定された村への疎開・避難を指示したが、受け入れ態勢はほとんどなされてなかった。国頭地区住民ですら食糧に窮していた。食べ物がない、と指定された集落から逃げ帰った人たちも少なくない。そして、戦禍に倒れた。

四月二七日早朝、内福地は米軍の猛攻を受けた。一方的な戦闘で、国頭支隊の残存兵力は壊滅的打撃を受けた。銃砲声が静まった後、森兵長は猛砲撃下で生き延びた将兵の中に宇土大佐の姿を見た。宇土は、将校たちと協議したあと、支隊を解散した。通信隊の東郷少尉は、隊員に次のように説明した。

「国頭支隊が百名を越す大集団で行動すれば、敵の眼にとまり、必ず追撃を受ける。それだけではなく、もうこんな大きな集団の食糧を得る見込みは全く立たない。このため、国頭支隊は本日をもって解散する。解散後は、各小隊あるいは各分隊ごとの少人数に分かれ、自活しながら遊撃戦を展開してもらいたい」（同八一ジ）

渡野喜屋事件

非戦闘員の住民が、米軍に投降し、食糧を受け取るのは、糾弾されることではないが、宇土部隊の敗残兵にとっては、許しがたい利敵行為に見えた。大宜味村塩屋の対岸の白浜で、一九四五（昭和二〇）年五月、敗残兵による避難民殺害事件（渡野喜屋事件[21]）が起きた。

戦後三〇年経って、当事者の一人が本を書いているが、それに触れる前に、まず、沖縄戦当時の様子を再現した「沖縄戦新聞」第10号（「琉球新報」、二〇〇五年五月二七日）を見てみることにする。

注21　あまりにもおぞましい事件に集落の人々は戦後（一九四六年）、「渡野喜屋」から「白浜」へ集落名を変えた。

那覇から避難していた仲村渠美代さん（二八）＝浦添市＝一家は五月十日、米軍に捕まり、大宜味村渡野喜屋＝白浜＝に降ろされた。集落には中南部から来た住民数十人が集められた。米軍は缶詰や粉状にした卵など、数日分の食料を与えてその場を去った。

十二日、集落が静かになった午前三時ごろ、突然十人ほどの日本兵が住民を襲った。土足で人々の枕もとに立つと、銃剣を突きつけて起こして回り、綱で数珠つなぎにして広場に集めた。奥の民家からは、男性が泣き叫びながら妻を呼ぶ声が聞こえたが、しばらくするとその声は聞こえなくなった。

四列に並んで座らされた女性や子ども、お年寄りら数十人に、日本兵は「敵の捕虜になってそれでも日本人か」と怒鳴りつけた。数メートル離れて取り囲んでいた兵隊らが「一、二、三」と号令をかけた。

「シュー」という音に白い煙。危険を感じた美代さんはとっさに着ていた半てんを長女康子さん（四つ）、長男元一さん（二カ月）にかぶせて押し倒した。その途端、兵が投げた数個の手りゅう弾がさく裂し、破片が美代さんの頭上をかすめた。

振り返ると血の海だった。手足が切れた人、首のない人。全身に破片を浴びて血だらけになりながら、泣きもせず座っている幼児もいた。

同じころ、美代さんの義父仁王さん（五六）ら三人の男性は山を越えて東村慶佐次の奥地に連れて行かれた。（「沖縄戦新聞」第10号）

避難民の男性三人を連行したのは、国頭支隊の通信隊（東郷少尉隊長）である。以下、通信隊に従軍した森杉多兵長が戦後まとめた『空白の沖縄戦記』を参考に書き進める。

斬り込みで食糧確保

東郷少尉に率いられた二十数人の通信隊は、山岳地帯を北上し、四月末、慶佐次に着いた。地元民の協力を得て、山小屋三棟を建て、七、八人ずつ住むことになった。食糧は、最初の二、三日は大保部落から上流の山小屋に移り住んでいる地元民がサツマイモを出してくれ、飢えをしのぐことができた。サツマイモは飯盒で煮て、イモ粥にして平等に分配した。

通信隊はグループに分かれて食糧探しに出かけた。多くの地元民は米軍の来ない山間に入り込み、粗末な山小屋を連ね、小さな村落をなして生活をしていた。山小屋生活が始まって間もないころ(五月五、六日)、小畑上等兵、少名子一等兵は有銘北部で一人の少年に出会い、源河に駐留している米軍が今夜、首里戦線に向って出発するらしい、との情報を得た。

米軍は首里戦線に迫るにしたがって多大な損害を受け、国頭地区にいる米第六海兵師団も応援に行かざるを得なくなった。八重岳・真部山攻略戦、多野岳攻略と国頭支隊を追いまくった第六海兵師団は、那覇での戦いに投入されることになる。特に、現在の新都心の一角にある慶良間チージ(シュガーローフ)[22]周辺の戦いは沖縄戦最大の激戦地となり、死傷者が続出した。戦闘は五月一二日から始まり一週間にわたって攻防が繰り返され、一九日に米軍が制圧した。第六海兵師団は二六六二人の死傷者のほか、一二八九人の戦闘神経症者を出した。

少年の情報で、通信隊は食糧調達の「斬り込み」に出かけることになった。米軍の撤退

注22 『沖縄決戦』で八原博通は、米軍との戦闘に死力を尽くした独立混成第一五連隊(美田千賀蔵大佐)を評価した。通称・美田連隊は、富山丸の遭難事故で壊滅同然となった第四四旅団の増援部隊として関東で編成され、沖縄に送り込まれた。宇土大佐率いる第二歩兵隊は三個大隊あったが、実際に宇土大佐が八重岳・真部山攻防戦で指揮できたのは一個大隊のみだった。宇土部隊に比べ、精鋭部隊だった美田連隊は地の利を生かし、攻めてくる米軍と互角に渡りあった。シュガーローフの南側は安里集落で、国王尚徳が建てたといわれる安里八幡宮(後国宝指定)、八幡神徳寺も集落ごと焼失した。

を狙ったのは、食糧、衣服、手榴弾などを他の日本兵や民間人に先んじて獲得しようとの狙いからだった。米軍が移動するとき、迅速な行動を妨げる弾薬や食糧などを埋めて行くことが民間人や日本兵の間に知れ渡っていた。

夕刻、少年に案内されて、東郷少尉以下十数名が有銘を出発した。この日は、畑に埋めてあった缶詰などを掘り出した。この「斬り込み」で得た米軍食糧は、通信隊二十数人が一週間食べても残りがあった。しかも、缶詰で保存がきいた。肉入りジャガイモ、缶入りビスケット、コンビーフ、チーズ、バター、ジャム。小さな袋に入ったジュース、コーヒー。タバコもあった。さらに、水を浄化する浄化剤もあった。この食料調達で、森兵長らはアメリカ社会の豊かさに圧倒された。

渡野喜屋事件のきっかけは、通信隊の藤井兵長と松尾兵長の二人が米軍に捕まったことからだ。二人は塩屋部落に入り込んでいる避難民の情報を得るために、実状をよく知っているといわれる少年の案内で、塩屋へ出かけた。避難民集団は米軍から大量の食糧を支給されており、東郷少尉は、「この地区の日本兵の動向を米兵に通報しているのは大保地元民であり、スパイ集団に間違いない」と藤井兵長らに伝えた。

少年に案内され、塩屋の民家に入り込むと、突然米兵数名が前庭に現れて、自動小銃を構えた。驚く藤井兵長らに、二世兵が「抵抗するな、抵抗しなければ殺さない。銃を足もとに置け」と日本語で呼び掛けた。二人は米兵に連行された。

通信隊では、日本兵を敵に渡した避難民をスパイとして憎んだ。さらに二人はこの慶佐次川の拠点と兵力について米軍にしゃべってしまったかも知れない。いや、しゃべらないため今ごろは処刑されたに違いない、と憶測が飛び交った。山小屋周辺では見張りが出され、米軍の来襲に備えた。しかし、米軍は現れない。このことが二人の処刑と受け取られた。

藤井・松尾両兵長の「霊」を弔う復讐「斬り込み」が東郷少尉を中心に決定された。「スパイ部落」を襲撃し、「スパイ」を逮捕する計画がめぐらされ、一行は日が暮れてから山小屋を出た。

大腸炎で衰弱していた森兵長と視力が減退していた下野上等兵はともに留守番になった。翌朝、三人の男性が両手を後ろ手に縛られ、連行されてきた。

「スパイの頭目」といわれた男性は和服姿で、六〇過ぎと思われるゴマ塩頭のがっしりした体つき。ワイシャツ・ズボン姿の男性は四〇代。若い男性は元陸軍上等兵という。森兵長と下野上等兵は三人の手を縛った帯を持たされる。すぐに隊長（東郷少尉）の尋問が始まった。三人は交代で隊長宿舎へ連れて行かれた。最初に尋問を受けたのは「頭目」と言われた男性で、日本兵による避難民殺害の様子を語った仲村渠美代の義父・仲村渠仁王（当時五六歳）と見られる。

「〃スパイ〃を処刑」

東郷隊長の尋問を終えた男性は落ち着いていた。森兵長が話しかけると、男性は、ハワイ帰りで英語が話せたと言う(23)。巡察にきた米兵と話しているうちに、米兵から「この辺の戦争はもう終わった。山にいる日本兵も降伏すれば決して殺しはしない。いつまでも山に立てこもっていると徹底的に掃討する。山にいる日本兵にこのことを伝えてほしい。そうすれば避難民に今後も食糧を充分に支給する。名護の人たちも、もうアメリカ軍政に服し

注23　仲村渠仁王の碑を調査した大西照雄は、遺族と家族ぐるみの交流があり、虐殺の碑を求めて現地を訪ねている。そのなかで仲村渠仁王がハワイ帰りというのは森の記憶違いと指摘。また渡野喜屋事件についても調査の結果、被害者が七〇人であることを突き止めている。一方、大西の著書では「渡野喜屋」ではなく、「渡名喜屋」と記されている。

大西照雄ブックレット『仲村渠仁王虐殺の地』碑を訪ねて』平和ガイドメモ（私家版、一九九八年）

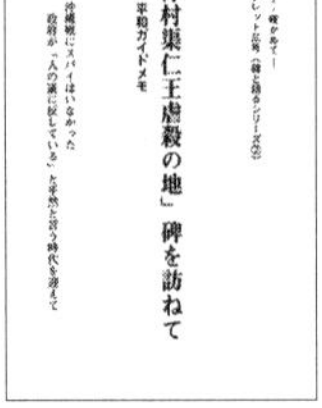
「仲村渠仁王虐殺の地」碑を訪ねて
平和ガイドメモ
沖縄戦にスパイはいなかった

ている」と聞かされたと説明した。男性は、南部から避難してきたが、食べ物がなく、女と子どもの二人が死んでしまった。女たちや、子どもたちに食べ物だけは何とかしたい、と思い米軍に協力した、と話した。さらに「私はどんな処置でも受けるが、女、子どもたちだけは生かしてください」と、森兵長に懇願した。

「女の人や子どもたちは大丈夫ですよ。何も罪はないのだから……」と森兵長はつぶやいた。しかし、仲村渠仁王と見られる男性は、婦女子の身に何が起きたのか、気付いていた。「いいえ、……もう仕方ありません。林道をこちらへ歩いている途中で、大きな爆発の音が何発も、何発もしました……」

正午近く、東郷隊長は、川下にある宇土大佐の宿舎へ行った。小一時間もたったころ、東郷隊長は戻ってきた。三人は「死刑」と決まった。川下の雑木林が処刑場で、四人の兵隊がスコップで土を掘った。処刑役は剣道四段という曹長だった。最初に殺害されたのは「頭目」と言われた男性。森兵長が後ろからのぞくと、墓穴に転がされていた。次いで墓穴前に端座したワイシャツの男の首に、曹長が日本刀を斜めから振り下ろした。曹長は顔面蒼白だった。下野上等兵が三人目の「若い男」を連れてきたが、曹長は日本刀を投げ捨て、東郷隊長をにらむように「もうできない。……だれかたのむ」と懇願した。東郷隊長は「森兵長か下野上等兵がいい」と重々しく言った。「病人にやれというのか」と反抗した森兵長だったが、ついに銃剣で「若い男」の胸を刺した。刺される寸前、「若い男」は「許して下さい、隊長様。日本陸軍のため、どんなことでも、どんなことでもします」と叫んだ。

ところが、死刑執行の翌日の午後、米軍に処刑されたと思われた藤井、松尾の両兵長が元気な姿で山小屋に戻ってきた。二人は捕虜になってから脱出するまでの経過を話した。

日本語の巧みな二世兵は、アメリカ軍は捕虜を大切にするし、捕虜の待遇はジュネーブ国際条約で定められた規定通りに実行することなど懇切に説明した。さらに、きみたち兵隊は八重岳以来実に粘り強く戦った。遠慮なく食べなさい、と食事を勧めた。日本語が流ちょうすぎる二世兵に、本当は二世兵ではなく、沖縄か朝鮮の出身で、米軍の通訳兼スパイではないか、と藤井兵長は思った。

捕虜二日目、上等の朝食を食べ、自分の下着類の洗濯を許された。藤井兵長らは米軍テントの傍らで、米兵と一緒になって洗濯した。近くの民家の井戸へ行くと民間人女性たちが笑いながら米兵の衣服を洗っていた。

三日目の夜。食事を運んできた二世兵が次のように話した。「日本軍は武士道を重んずるなら、今はいさぎよく降伏しなければならない。そうしなければ沖縄民衆は砲弾と飢餓と病気のために死んでしまいます。人民を守るのが武士道です」。そして名護の収容所へ移されることを告げた。二人は、ハワイへ送られたら日本へ帰れない、不安を抱き、脱出し、山小屋への帰還を考えた。

翌日、ジープに二人は乗せられた。助手席には自動小銃を持った若い警護兵が後ろ向きに乗った。ジープは津波、仲尾次を通り、やがて左に多野岳が見えてきた。伊差川集落の近くで、藤井兵長が警護兵に飛びかかり、自動小銃を奪い、松尾兵長は運転手の首を絞めた。二人は一目散に道路わきの松林に逃げ込んだ。そして、夜になってから夜通し歩いて多野岳を越えた。

二人の脱走談は、久しぶりの明るい話で、二人は隊の「英雄」になった。しかし、二人のために、「スパイ部落」に対する「復讐」を取り返しのつかない形でやってしまっていた。

二世兵が、日本軍の動向をひと言も聞かなかったという話も衝撃を与えた。森兵長は、「頭目」が自白したスパイ行為は死刑に値する犯罪ではなく、日本の敗残兵を名誉ある捕虜として救出する米軍政策の手助けと見ることもできる、と思った。

二人に「スパイ処刑」の事実を話さないわけにはいかなかった。藤井兵長の顔は曇った。「ここへ帰ってこない方がよかったのか。みんなのためには。しかし、帰りたくてな」。山小屋の雰囲気は耐えがたく重苦しいものとなっていった。隊から離れる者も出た。

懺悔の旅

森杉多は一九一五（大正四）年、鹿児島県生まれで、東京高等師範学校を卒業。一九四三（昭和一八）年、東京文理大学史学科を繰り上げ卒業した後、都立第一高等女学校に奉職中の一九四四（昭和一九）年八月、三度目の召集で沖縄戦に参加した。森は沖縄戦を生き延び、復員後再び教壇に立ち、一九七五年一〇月、『空白の沖縄戦』を出版した。

一九八〇年七月、渡野喜屋事件を取材した日本テレビの森口豁ディレクターは、森が事件を引き起こした日本兵の数少ない生存者であることを突き止め、被害者の実情や心境を伝えた。（「ドキュメント80空白の戦史　沖縄住民虐殺35年」[24]日本テレビ、一九八〇年一一月二日放映）森は沖縄への懺悔の旅を決意した。

一九八〇年一〇月一〇日、森と森口ディレクター、カメラマンの三人は、空港からそのまま、東村慶佐次川上流の「虐殺現場」に直行し、二日間にわたって現場を探したが遺骨は見つからなかった。しかし、殺された仲村渠仁王の長男嫁・美代を浦添市屋富祖の住居

注24　番組のシナリオは、森口豁『昭和の中のオキナワ「復帰願望」』（海風社、一九九二年）に収録。

に訪ね、被害者の遺族と劇的な対面を果たした。

森は「自分は当時、病弱だったため、部落襲撃には加わらなかったが、山中に連行されてきた仲村渠さんら三人が逃げないよう後ろ手に縛ったヒモを握らされた。仁王さんら三人は、宇土部隊長の尋問の後、同じ部隊にいた曹長らによって、日本刀で斬首され、土を掘って埋めた。仁王さんは自分は殺されても仕方ないが、村の婦女子は助けてほしいと語り、立派な態度で死んでいった」と語った。

美代は、目の当たりに聞く義父の最期に怒りをこらえきれず「あまりにもむごい。なぜ罪のない住民をころしたのか」と何度も何度も森を問いただした。「同じ日本人として、たとえ戦争中であっても許されないことです。同じ部隊の一人として心からおわびします」と森は畳に頭をつけるようにして謝罪、「どうか許して下さい」と何度もおわびの言葉を繰り返した。

さらに翌一二日、台風一九号が吹き荒れる悪天候の中、森は美代を案内し、慶佐次川の現場へ行った。殺害から三五年が経っており、地形も変わっていて、遺骨を掘り出すことはできなかった。森は「また出直して収骨したい」と話した。

(「琉球新報」一九八〇年一〇月一五日)

住民虐殺、許して下さい
元日本兵 35年ぶり 遺族にわびる
私はしばったヒモを握った森杉多さん
「なぜ罪のない者を…」
台風の中 現場で遺骨探し
スパイ部隊襲撃事件
漁港整備

住民虐殺を伝える「琉球新報」= 1980年 10月15日

「故仲村渠仁王虐殺の地」とか書かれた標柱＝「琉球新報」1980年10月18日

美代ら遺族六人は、一七日現場を再訪し、ツルハシ、スコップなどを使い数カ所掘り返したが、結局、遺骨を見つけることができず、代わりに持参して来た木製の標柱を現場に立てた。「故・仲村渠仁王虐殺の地」「昭和二十年五月十二日日本兵に斬殺さる」と無念の文言は墨で黒々と書かれていた。（「琉球新報」一九八〇年一〇月一八日）

琉球新報が報じた森の記事は県民の反響を呼んだ。そのなかで「私の夫は虐殺された三人のうちの一人ではないか」と別の遺族が名乗りを上げた。森の体験記録に出てくる元陸軍上等兵と名乗った「若い男」の遺族である。

夫ではないか、と名乗り出たのは嘉手納町に住む米須ハル。その話によると、夫の義秋（当時三二歳）は一足早く北部へ避難していた。渡野喜屋で義秋が連行されるのを見た兄嫁の嶺井トミが「私たちはきょうここへ来たばかりなのに（スパイなど）そんなことするわけがない」と日本兵にすがりついた。日本兵は「黙れ」とトミの頭に切りつけたという。その後、トミは宜野座の米軍野戦病院で治療を受け、その後再会した義秋の妻・ハルに連行された模様を話した。

支那事変で戦ったことや沖縄戦では召集されなかったことなど、森の話す「若い男」の経歴が一致していた。「今になって（山中でのできごとを）言われても、もっと早く言ってくれれば……。もうどうしようもないじゃないですか」と涙を拭いた。ハルは、再婚もせずに一九四五（昭和二〇）年に生まれた長女を一人で育ててきた。（「琉球新報」一九八〇年一〇月二七日）

もう一人のワイシャツの男性については、那覇市内に住む遺族が「おじいさんが殺された」と話したが、それ以上は触れたがらなかったという。

「スパイ爺さん」の最期

創価学会婦人平和委員会編『平和への願いをこめて⑫　沖縄戦後編』[25]には、国頭村で虐殺された「スパイ爺さん」の経緯が娘の照屋トミ子によって詳細に報告されている。

一九四四（昭和一九）年三月、女子勤労挺身隊に志願して、兵庫県の戦闘機部品工場で働いていたトミ子は、戦後、中国大陸から引き揚げてきた長兄や次兄とともに沖縄へ帰った。一九四七（昭和二二）年夏、上陸用舟艇で久場崎に着いた。収容所に勝連の伯父が迎えに来ていた。これまで両親からは一〇・一〇空襲の後、那覇から勝連の親戚を頼って逃げ延びたとの便りをもらっていた。母は元気に暮らしていたが、父親は行方不明になっていた。伯父の話によると、父は勝連村の役場に勤めるようになり、沖縄戦の直前、国頭村の指定された場所へ村民を避難させるため、引率して行ったという。

国頭村奥間にいたらしい、との情報を頼りにトミ子は父がいたという国頭村奥間へ叔母、

注25　創価学会婦人平和委員会編『平和への願いをこめて⑫　沖縄戦後編』（一九八四年）

次兄の三人で出かけた。バスもタクシーもないころで、トラックを乗り継いで、やっと着いた奥間では、ほとんどの人が父のことを知っていた。しかも村の人は父のことを「スパイ爺さん」と呼んでいた。父をスパイ呼ばわりしているのに唖然とし、これは一体どういうことか聞き返した。

「この辺の家が、あまり焼かれずにすんだのは、あの勝連の〝スパイ爺さん〟のおかげですよ」と 村のおばさんは語った。

「食糧を求めて山を降りた父は、米兵に見つかり、駐屯地に連れてゆかれ、そこで髪を刈られ、髭を剃られ、ボロボロのきものをＨＢＴ（アメリカ軍服の払い下げ）に着替えさせられ、おまけに食糧を袋一杯かついで、山へ帰って来たそうです。そして米軍からの伝言――戦争は終わったから一日も早く山を降りて、食物を確保するように――と伝えたそうです」

さらに、住民のためにいろいろ便宜をはかる行為を日本軍はスパイと勘違いして殺してしまった、とおばさんは涙ぐみながら話した。遺体は隣部落の玉城さんという人の山に埋められていると言う。

トミ子らははやる心を抑えながら、隣部落の玉城家を訪ねた。薄暗い部屋の中で、五〇がらみの女性が片膝を立て、長いキセルでタバコをふかしていた。トミ子らが訪ねてきたわけを聞いて、「畑に行く準備をしたが、何となく気が重い。きょうは畑に行くのを止そうと思い、一服してたところだよ。虫の知らせだったんだね」と喜んで迎えてくれた。トミ子の叔母は「それもこれも兄さんの引き合わせだ」と両手を合わせた。

玉城夫婦は、子供がおらず、戦争になると持ち山に避難小屋を作り、夫婦で住んでいた。ところが八人の友軍に食糧を取り上げられたうえに、避難小屋まで奪われたためにやむなく奥へ移動した。小屋を作る木を切り出すため鉈を持っていた夫は米兵に誤解されて殺された。おばさんは、毎朝、亡くなった夫にお茶を供えようと友軍に取られた小屋の前を通っていた。

ある朝、小屋の前を通りかかったら小屋の柱に両手を後ろにして縛られているスパイ爺さんを見た。しかし、帰りにはその姿がなかった。ああ、とうとう殺されてしまったのか、とおばさんはその時の悔しさを身振り手振りで話してくれた。

その後、遺骨も見つかった。おばさんは、トミ子の父の遺体が埋められた場所がおよそ分かっていた。山小屋そばの土手の壁に掘った横穴で、もう山小屋はないが、行けば分かるという。復員して来たばかりの青年が先頭になり、険しい山の中に入って行った。火を焚いた跡を見つけ、周辺の草を刈って横穴を見つけた。

私達は夢中で石や土を払いました。枯れ葉や、湿った土のにおいが鼻をつきます。突然叔母が「兄さん」と大声で泣き出しました。みると手には土にまみれた頭蓋骨を抱えています。兄も私も本当に父なのかと、急いで土を丁寧に払って確かめました。父です。確かに父でした。頭の格好、金歯の位置、骨組の粗い腕や足の骨、間違いなく父でした。あまりに変わり果てた父の姿でした。一つ一つ丁寧に風呂敷に取り出しました。よく見ると、一番底の方にはクバの葉の筋が、筵を敷いたように残っていました。殺した後、後悔し、きちんと葬ったのでしょう。それにしても風雨にあまりさらされずにすんだのがせめてもの救いでした。（『平和への願いをこめて⑫ 沖縄戦後編』一〇〇ジペー）

住民を敵視する敗残兵グループ

大宜味村喜如嘉の当山には紫雲隊と称する十数名の敗残兵グループが立てこもっていた。隊長格の紫雲直道大尉の名からそう呼ばれた。

紫雲隊はそもそも第五六飛行場大隊に属し、紫雲大尉は補給中隊長であった。四月一日の米軍上陸、そして同日中に北、中飛行場は占領され、飛行場大隊は沖縄戦の緒戦が壊滅し、大隊長以下ほとんどの将校が戦死し、部隊は四散してしまった。かろうじて生きのこった紫雲大尉は三、四十名の部下を率いて北部の山に敗走した。四月二十二日タニュー岳（多野岳）に到着、宇土大佐の率いる国頭支隊（宇土部隊）の隷下に入り、二十四日には宇土部隊とともに伊湯岳に転進した。国頭支隊は四月末に分散命令がでて小グループに分かれて遊撃戦（ゲリラ戦）の名目で四散した。紫雲大尉のグループは山づたいに喜如嘉の山にたどりついてそこに定着したというわけである。

紫雲隊にはほかに金武の海軍水上特攻隊の生きのこりも合流していた。後に問題になる伊沢曹長もその一人である。鼻ひげを立てた伊沢曹長が喜如嘉周辺での残虐行為の中心人物であった。

彼らは初めから住民を敵視していたらしく、スパイ容疑者の名簿をつくり、住民から情報を集めたりして〝処刑〟の手はずをととのえていた。そして、よく知られているA氏の虐殺事件が起こっている。（遺族の希望によりこの事件について割愛する）。（『喜如嘉

の昭和史　村と戦争』一八九～一九〇ページ）

以上は福地曠昭『喜如嘉の昭和史　村と戦争』[26]からの引用だが、割愛された「A氏の虐殺事件」は『沖縄県史　第10巻』に掲載されている。

汚名返上の陳情書

大宜味村喜如嘉の知名ウトは、夫をスパイの疑いで日本兵に殺害された。

私たち遺族にとって、どうしても納得のいかないことです。私の夫が、沖縄戦も終った昭和二十年七月三日、日本兵に殺されたことについて、日本政府はどのようなつぐないをしてくれるのでしょう。

私は、事情をくわしく書いた陳情書を、昭和四十六年に政府へ提出しました。私の陳情の主旨をわかってくれる人は、どこにもいないようです。そこで私は、この陳情書を県史に記録としてとどめておいて、国の責任を永久に追及してほしいと思っています。（『沖縄県史　一〇巻』五七五ページ）

ウトが出した陳情書は、政府が事実調査をしたうえで夫の汚名返上と遺族への補償を訴える内容である。

夫の知名定一は当時四五歳だった。本籍は首里寒川で当時の住所は喜如嘉となっている。

注26　福地曠昭『喜如嘉の昭和史　村と戦争』（「村と戦争」刊行会、一九七五年）

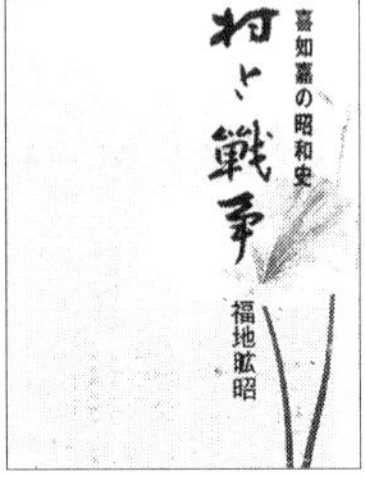

一九二四（大正一三）年、沖縄県巡査を拝命し、那覇署、名護署勤務を経て、一九四二（昭和一七）年に依願退職している。永年にわたり喜如嘉集落の駐在巡査として勤務し、集落の治安維持に精魂を傾け、指導者としても信頼されていた。ウトは事件当時、長女、次女を連れて台湾へ疎開していたため、喜如嘉にはいなかった。

「事件の経過」によると、米軍が、喜如嘉一帯の民家捜索のために進駐してきた際、たまたま自宅に食糧を取りに来て米軍の捕虜となり、羽地村の難民収容所へ収容された。そこには羽地村はじめ中南部の住民が山や壕から収容され、米軍から食糧、衣服類を支給され、治安状態も維持されていることを聞かされた。知名は釈放後に、喜如嘉へ戻り、早めに下山するよう住民に勧めた。ところが集落の近くの山に立てこもっていた紫雲隊所属の伊沢曹長以下数名が、知名の行為をスパイ行為として連行し、刺殺して埋めた。（同五七六ページ）

さらに、知名の殺害の翌日の七月四日、宜名真、辺戸の住民四人が殺される事件が起きた。もちろん紫雲隊の伊沢曹長らの仕業であった。被害者は、羽地の田井等収容所から解放され、県道を歩いてそれぞれの集落に帰る途中であった。婦女子も含めた十数名の一団は喜如嘉で分宿し、翌日伊地にさしかかったところ、追いかけて来た伊沢曹長のグループに襲われ、男四人が斬殺された。伊沢曹長らは収容所に入った者はスパイだと決めつけた。そしてスパイ容疑者のリストをつくり、住民を圧迫した。医師の平良真順も米軍に捕まり、収容所に入ったため、伊沢曹長らのリストには四一番目に記載されたという。平良医師は、紫雲隊からの呼び出しに応じず、処刑を免れた。

「平安座スパイ」

防衛隊員に聞き取りした『秘録　沖縄決戦　防衛隊』には、前門仁英（平安座出身）の証言に「平安座スパイ」というのが登場する。前門は、一九四五（昭和二〇）年三月五日、役場からの防衛隊召集通知で、具志川国民学校に集結、石部隊三五九三部隊（第六二師団独立歩兵第一二大隊）に入隊した。小銃と手榴弾が全員に支給されたが、階級章と軍服はなかった。前門は歩兵砲部隊で、戦闘では弾薬運搬に当たった。同部隊は賀谷與吉中佐に指揮され、第二四師団が陣地の移動で北・中飛行場守備から南部へ下がった後、青柳中佐の第一連隊とともに上陸する米軍を迎え撃った。青柳とは違い、賀谷大隊は奮闘した。前門の歩兵砲部隊は壊滅し、上官に「平安座に戻り、住民を守れ」と命令されたという。

平安座には六月一五日、米軍が海上トラックに乗って進駐してきた。平安座からは国頭村安田、安波へ住民が避難していた。避難先で住民は飢えていた。食糧は一五日分しか残っていないとの情報が島にもたらされた。平安座では共同作業で食糧を増産しており、米軍からの配給もあった。避難村民への食糧補給をどうするか、話し合った結果、米軍の証明書をもらい、陸路運搬することになった。二人の女子青年が役目を担ったが、久志村の汀間で米軍の証明書を持っていることが日本軍に分かり、連行された二人は厳しく尋問された。殺気だった兵士がスパイとして処刑しようとするところを、隊長が「女子供に手を出すな、戦争ではないか。死力をつくして戦えばよい」と制止。さらに「この人たちに罪はない」と二人の女性は帰された。宇土部隊にはこういう隊長もいたのだ。

この事件以来「平安座スパイ」という言葉が流布され、平安座の住民はみんな日本軍か

らスパイと見なされるようになった。（『秘録　沖縄決戦　防衛隊』[27]一九〇～一九五ページ）

愛楽園にたかる

宇土部隊は米軍の猛攻で八重岳から多野岳へ脱出し、さらに北部山中に潜伏するが、本部半島や八重岳地区には宇土部隊の残存兵が少なからず潜んでいた。日本兵にとって米軍が掃討を続ける北部山中よりかえって安全地帯であったという。通信隊の兵士の一部も本部半島の山で暮らしているらしい、との情報もあった。

ハンセン病患者を収容した愛楽園に潜り込む兵士もいた。屋我地島の愛楽園は、四五〇人の定員だったが第三二軍は、沖縄本島で収容されずにいた患者をそこに強制収容させた。そのため収容者は九〇〇人を超え、食糧事情や住環境は悪化した。

愛楽園はもともと国の施設で、一九〇〇年にハンセン病患者の施設として開園した。一九四四（昭和一九）年三月、早田皓（金沢帝国大学卒）医師が二代目園長として赴任した。数戸のコンクリート造りの建物で、電気、水道などが整備されていた。診療所、患者病棟、食堂、職員住居、発電室、トイレなどがあったが、米軍は重要拠点と誤解したのか、一〇・一〇空襲では、施設・建物が八棟焼失している。患者は壕を掘り、避難した。

年が明けても米軍の空襲・艦砲射撃は続き、八〇〇キロ爆弾が落とされたこともあった。四月二三日、運天港から上陸した米軍は愛楽園がハンセン病患者の施設と知って、攻撃の中止を約束した。さらに米軍は、米などの食糧を配給している。

愛楽園にたかった日本兵らもいた。中心人物は今帰仁村運天一帯に駐屯していた第二七

注27　福地曠昭『秘録　沖縄決戦　防衛隊』（一九八五年）

魚雷艇所属の竹下海軍中尉である。その「たかり」は克明にメモされた自らの手帳で判明することになる。竹下中尉は、米軍の爆撃で海軍基地が壊滅したため、その後、宇土部隊の指揮下に入り、八重岳、多野岳、久志岳、屋我地島を移動した。六月、竹下中尉は呉我山で米軍に殺害され、持っていた手帳が直ちに翻訳された（太平洋戦争で米軍は、日本軍の文書、将兵が持っていた手紙・日記のたぐいは押収後、直ちに翻訳した）。

メモによると、竹下中尉は愛楽園で早田園長と庶務課長に米を回してもらうことを要求、さらに屋我地島を日本軍の食糧基地として保持する必要がある、と手帳にメモしていた。早田園長の記録では、「五月二六日夜、白石大尉の部下、竹下中尉と小谷少尉が愛楽園にやってきて、二〇〇名の兵に対し、毎月米六石を提供してほしい、と要求してきた。凶刃を振るわれては一大事なので、泡盛を振る舞ってお引き取りを願った。要求は引き受けるしかなかった」という。

日本兵降伏の儀式（本部半島）。白石大尉（右）から刀を受け取る海兵隊大尉＝1945年9月3日・米国海兵隊撮影、沖縄県立公文書館所蔵

竹下中尉の手帳を翻訳した米軍は驚愕し、愛楽園を捜索して、園長、儀部朝一事務長らを厳しく取り調べた。しかし、二人は特に罪に問われることなく許された[28]。

竹下中尉のいた白石部隊の残存兵らは本部半島では住民から恐れ

注28　愛楽園に関しては『沖縄県史　一〇巻』補遺編「愛楽園」、上原正稔『戦争を生き残った者の記録第六話　軍政府は屋我地で何を見たか』（琉球新報、二〇〇六年連載）などを参考にした。

られていた。五月一二日夜には、今帰仁村で村の有力者・指導者と見られた二人をアメリカ軍に協力したとの理由で、呼び出してスパイの疑いで殺害している。

九月三日、白石部隊の残存兵一八三人は米海兵隊第七師団へ投降した。降伏儀式で白石大尉は日本刀を差し出した。

鉄血勤皇隊農林隊

宇土部隊には県立三中、二中生徒のほか県立農林学校の学徒隊も参加した。同校は一九〇二(明治三五)年に国頭郡農学校として設立され、九年後に県立移管、さらに一九一六(大正五)年、北谷村嘉手納に移転した。一九二三(大正一二)年、林科を設置し、県立農林学校と改称した。

一九四四年六月、農林生は「農林報国隊」の名称で陸軍北飛行場設営、読谷村座喜味城跡での高射砲陣地構築作業に従事した。八月には農林学校校舎は北・中飛行場防衛任務に当たる第二四師団(山部隊)本部として接収された。一九四五年三月二五日、米軍機の爆撃で校舎が全焼している。翌日の二六日に読谷村牧原の農林学校壕(比謝川上流の栄橋近く)への集合命令を受けて、一三〇人の生徒が集まった。配属将校尚謙少尉[29]を隊長に鉄血勤皇隊の農林隊を編成し、北・中飛行場守備の特設第一連隊(青柳中佐)の指揮下に入った。軍服が支給されただけで武器の支給はなかった。

米軍が上陸した四月一日の夕方、「特攻隊を編成し、敵陣地や戦車に体当たりを敢行せよ」の命令で、尚謙少尉は三年生から二〇人を選抜し、斬り込み隊を編成、中飛行場守備隊本

注29　琉球最後の王・尚泰の四男、琉球新報創設者で、貴族院議員を務めた尚順の長男。沖縄戦は王族の末裔にも等しく犠牲を強いた。尚順の妻・眞子、三男尚信、四男尚計、謙の長男、次男も戦死。父尚順も六月一六日、南部小渡・米須の壕で死亡した(七二歳)。その他孫や娘ら一三人が犠牲になった。

「県立農林学校隊最期の碑」＝東村宮城

部を探したが、中飛行場付近の日本軍陣地はもぬけの殻だった。

二日、北部の宇土部隊へ合流するために出発、安里教頭も残りを率いて北部へ向かった。安里教頭は三日、食糧確保等の問題から「今後は各自で北部戦線に参加せよ」と金武村で勤皇隊を解散した。

尚少尉率いる農林隊は八重岳で宇土部隊に合流したが、米軍に追われて北部へ敗走した。尚少尉と生徒一〇人は、四月二八日、内福地で米軍の攻撃を受けて戦死した。

一方、県立農林学校生徒の死亡者は一二四人に上り、斬り込み隊に動員された二〇人のうち大半の一七人が戦死している。(30)

餓死する母子

渡野喜屋事件を起こした東郷少尉の通信隊は飢えの日々を送っていた。隊から抜ける兵もおり、隊員は一六人に減っていた。五月下旬、大保にあった米軍の哨戒所へ斬り込みを

注30　県立農林学校四三期で名桜大学前学長の瀬名波栄喜は、二〇一四年六月「県立農林学校隊最期の碑」を建立した。戦死した生徒一〇人の名前を調べ、翌年には刻銘板も設置された。戦死した場所の内福地はダムの底に沈んだため、碑は、対岸（東村宮城）に建立されている。

決行した。食糧調達のためである。哨戒所は米兵が二〇人くらいしかおらず、夜の歩哨以外はテントで寝ている、と東郷少尉は話し、戦利品よりも哨戒所を全滅させる、と強調した。隊員は三隊に分けられ、斬り込み攻撃は打ち合わせ通り行われた。米兵を十数人倒したが、戦利品は缶詰一箱とタバコのみであった。

食糧はいよいよ窮乏した。森兵長らは小銃と手榴弾だけを持って山小屋を出て、一日中食糧を求めて地元民や山麓の民家付近をさ迷い歩いた。平良の近くでは、敗残兵数名と他の敗残兵数名が、わずかに畑に残っていた作物を争って撃ち合いをしたという話も広がっていた。森兵長は、その話を聞いて半信半疑だったが、彼自身、民家の前のイモ畑からイモを盗もうと近づいて、威嚇射撃を受けている。裕福な農家では、敗残兵をサツマイモ四、五斤で雇い、食糧保存に当たらせているとも聞いた。

「村落や山林を歩きながら、私たちは武器携行の乞食グループに転落していった」と森兵長は自嘲している。通信隊には、南部の出身で警察官だったという宜保上等兵がいた。森兵長は宜保上等兵から沖縄の歴史、飢饉の時の知識を学んだ。宜保上等兵が捕まえたハブは皮をはいで、ぶつ切りにして焼いて食べた。一切れで体力がつき、その日一日は元気で歩くことができた。

森兵長の体験記には弱い者への同情を示した記述も多くみられる。たとえば避難民の窮状を冷徹な目でリアルに描きながらも、母子の惨状を次のようにしっかりと記憶にとどめている。

「食糧を求めてのろのろと歩いているとさまざまな死に出会」った。「最も多いのは避難民の病死」。右往左往する情景は見られず、小さな空き家に「十数人が入り込んで女も子供も横になって」動かない。死骸は目印になる樹木などの近くに埋葬され、「出身村名と名前を鉛筆書きした木札が木の枝に吊された」。乳飲み子を抱えた若い母親の死も多い。有銘の海岸付近で餓死している母子を見た。死んでいる幼児のそばには弁当箱があり、中には「この子に食べ物を恵んで下さい、母より」と鉛筆書きした紙片が小石で抑えて入れてあった。（『空白の沖縄戦記』一二一ページ）

国頭支隊長の解任

六月中旬、国頭支隊長・宇土武彦大佐は、首里の第三二軍司令部から特別任務を帯びて、訪ねて来た浦田少尉[31]、村上伍長に会い、浦田少尉から伝達された長勇軍参謀長の命令に驚愕した。宇土大佐を解任し、支隊長に青柳時香中佐（特設第一連隊長）を任命するというのだ。

宇土大佐の近くには幸い通信兵がいた。森兵長と鶴留一等兵は命令を受け、首里の第三二軍司令部と無線連絡を取るため、無線機が隠されているという久志岳方面へ浦田少尉らと出張した。大佐の命令は、浦田少尉と村上伍長の案内で無線機を隠してある山に行き、司令部あてに大佐が書いた電報を打電し、返事をもらってくることだった。

四人は久志に向けて出発した。しかし、浦田少尉らの様子はおかしかった。二人の言動は司令部との通信を断念させようとしているとしか思えなかった。森兵長は、二人の不可解な言動は、宇土大佐の電文の内容を見れば、いくらか手がかりをつかめるだろうと、休憩中に浦田少尉らと離れて腰を下ろし、電文を読んだ。次のような内容だった。

注31　川満彰『語りつぐ戦争第三集　やんばるの少年兵「護郷隊」～陸軍中野学校と沖縄戦』（名護市教育委員会、二〇一二年）によると浦田国夫少尉は、陸軍中野学校二俣分校出身。一九四四年一二月、第三二軍司令部情報参謀部情報班に転入。

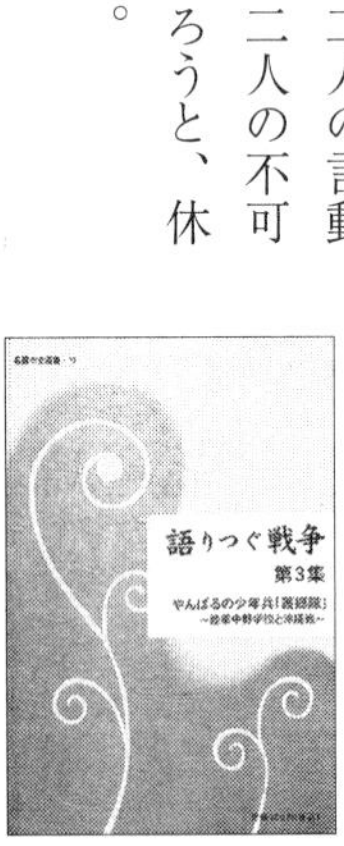

一、六月一五日、浦田挺身隊長より軍参謀長指示を受領せり。これに関し、次の通り報告し、再度のご指示を乞う。

一、国頭地区の作戦は、伊江島・八重岳・多野岳・内福地の激戦により、兵員・武器・弾薬・食糧等の大半を失いたるも、五月上旬以来、国頭全域において果敢な遊撃戦を展開中なり。この間の戦果、伊江島を含め大要左の如し。

艦船撃沈一、戦車撃破約六〇輌、自動貨車約二〇輌、兵員殺傷一三〇〇

一、余は現在、慶佐次山中の遊撃拠点にありて、各隊残存将兵を指揮し、活発な遊撃戦を指導中なるも、弾薬・食糧ほとんど無く、作戦支障しあり。よって弾薬・食糧の補給につき特段の配慮を願いたい。

一、南部地区よりの避難民および市街地区地元民の一部は米軍政下に吸収されあるも、地元村民の多数はなおわが方に協力中なり。

一、国頭支隊長として新たに青柳中佐を任命するとのご指示なるも、余は健在にして各隊を掌握中なれば、余を従前通り国頭支隊長に留められたく、再度ご指示を賜わりたし。（『空白の沖縄戦記　幻の沖縄奪還クリ舟挺身隊』一二四～一二五ページ）

長勇参謀長は、宇土大佐を解任し、新たに青柳中佐を後任として任命するという。しかし、この時点では、青柳中佐の居所は不明である。ただ、青柳中佐には、第三二軍司令部は「特設第一連隊は、石川岳付近に後退し、国頭支隊長宇土大佐の指揮下に入り、敵の北、中飛行場使用を妨害すべし」と無電で命令した。（『沖縄決戦　高級参謀の手記』一五五ページ）

宇土大佐の戦闘指揮は問題あり、と見られていた。だが、飛行場大隊などで急きょ編成

された特設第一連隊は、精鋭とは言い難い部隊の集まりである。当初、読谷村の北飛行場、北谷村屋良の中飛行場を守備するために第二四師団が配置され、両飛行場周辺に強固な陣地を構築していた。しかし、南部に布陣していた第九師団が台湾に去った後を第二四師団が埋めることになった。

第三二軍司令部の「敵の北、中飛行場使用を妨害すべし」という命令は守られることはなかった。県民の奉仕、設営部隊の汗でせっかく造られた北・中の両飛行場はむざむざと米軍の手に渡ることになった。第三二軍司令部も伊江島飛行場は米軍の上陸前に、破壊命令を出したが、北・中飛行場については、踏ん切りがつかなかった。結局、青柳連隊長は、宇土部隊へ合流することはなく、石川岳に部下四人と潜伏中の七月九日、米軍の掃討戦に遭い、戦死した。(『わが部隊かく戦えり――沖縄戦・真実と美化の激突』[32] 一三一～一三二ページ)

一方、熊本県出身の犬童勝一等兵は、多野岳を脱出後、北部山中を彷徨していた。五月初旬、六人で大浦湾の奥の山中に潜んでいた際に、偶然、浦田少尉らに遭遇している。長参謀長の命令を受けた浦田少尉ら総勢一五人は、四隻の特攻艇に分乗し、与那原海岸を出発した。中城湾では米軍艦船に追跡され、銃撃も受けた。やっとのことで大浦湾に上陸できたが、その時、隊員は半分以下になっていた。兵士は民間服を着け、無線機を担いで従った。

一行の中に沖縄師範学校の仲地という生徒がいた。久志岳への案内人だった。浦田少尉はまず久志岳を中心にゲリラ活動をしていた第一護郷隊(村上中尉)を目指した。仲地の参加は、師範学校の配属将校だった井口中尉の命令であるという。犬童一等兵は井口中尉と同郷だった。任務に精励している仲地を立派に思い、犬童一等兵は自分の雑嚢から生芋を

注32　飯田邦光『わが部隊かく戦えり――沖縄戦・真実と美化の激突』(閣文社、一九九二年)

四、五個取り出して、仲地の雑嚢へそっと入れた。(『異色戦記　沖縄脱出』一七一ページ)

村上中尉からは、宇土大佐の居所は知ることはできても、肝心の青柳中佐の居所は分からない。浦田少尉は、現地の状況を知って命令が無駄なものであると思ったかもしれない。久志岳に近い、辺野古の集落を過ぎた地点で、浦田少尉らは無線機を取りに行くと言って、森兵長らを置き去りにした。

森兵長は、解任されたことに対し、国頭支隊の今までの戦果と現況を報告し、再任を乞う宇土大佐の心情が哀れでもあり、異様にも感じられた。今まで国頭地区を軽視し、無防備に近い配備をしてきたのに、それをにわかに重要視して支隊長を更迭し、新たに任命することも理解できなかった。また浦田少尉らが得体の知れない「軍参謀長指示」をわざわざ慶佐次の山中まで出向いて来て、宇土大佐に伝えた意図も解せなかった。

六月二〇日、森兵長らは命令を達成できなかった経過と途中で聞いた南部戦線崩壊の模様を宇土大佐に報告した。大佐は意外にも上機嫌に見えた。東郷少尉にも同じ報告をした。その数日後の二四日午後、南部戦線における日本軍全滅の情報が大保の地元民から伝えられた。

沖縄脱出

二四日、東郷少尉は通信隊を解散した。曹長以下一三人が二列横隊に並ぶ中、少尉は愛刀の鞘を払って叫んだ。

「沖縄守備軍国頭支隊通信隊の解散にあたり、天皇陛下にお詫びの最敬礼をささげたてまつる。頭中あー」

私たちは一せいに「捧げ銃」の最敬礼をした。(『空白の沖縄戦記』一三五㌻)

国頭支隊は多野岳で解散し、さらに内福地でも解散した。沖縄出身兵は武器携行のまま家郷に帰ることを許された。いわゆる召集解除であった。通信隊に最後までいた宜保上等兵は南部地区へ行って様子を見たいと一人山小屋を出て行った。通信隊はそれぞれグループに分かれた。

森兵長は東郷少尉と別行動を取った。舟で与論島へ脱出した将兵がいることを聞いた森兵長のグループは、平良港(東村)の船着き場で、糸満漁民のものと見られるクリ舟を盗み出し、六月二八日、国頭村安田港に着いた。安田集落には大勢の日本兵がいた。港には沖縄中部、南部地区から持ち込まれたクリ舟も多く、特攻隊生き残りとか連絡将校を自称する将校・下士官が北へ向けて出港していった。辺戸岬周辺の海域は米艦艇群によって厳重な警戒が取られていた。

森兵長らは脱出に成功した。東郷少尉のグループも同じ日に与論島へ着いた。しかし、森兵長らを待っていたのは、竹槍を持った国民服姿の防衛隊だった。取り囲まれ、「沖縄から逃亡してきた者は徳之島の旅団司令部に報告する。逃亡兵は死刑になる」と脅された。沖縄脱出者の仮収容所となった民家には、二人の民間人の中年の男性がいた。話によると、特攻隊生き残りと称する将校・下士官に強要され、一人二千円ずつの約束で島まで運んだが、約束の金は百分の一しかもらえず、クリ舟は守備隊におさえられ、沖縄に帰ることも厳重に禁止されていると嘆いた。

沖縄奪還クリ舟挺身隊

森兵長を含む東郷少尉のグループは七月一日、与論島から沖永良部に移動した。脱出者は逃亡兵扱いであった。倉庫風の掘立小屋に収容され、住民から隔離された。沖縄から脱出してくる将兵は連日数名ずつあり、一二〇人に達していた。将校を除いて、米運びや丸太運びの使役に従事した。最上位者は中尉で、隊長として大隊本部と交渉を重ねていた。脱出将兵をどうするか、七月下旬に入って、司令部は厳重な処分方針を固めた。

高田少将[33]（注・独立混成第六四旅団長の高田利貞少将）は、沖縄脱出将兵を、日本精神の衰えた「戦線離脱」者と考えた。彼のいう日本精神とは、一身を天皇に捧げ、死すべき時にはいさぎよく死ぬ忠の心を根幹とする日本国民固有の魂であった。この日本精神の衰えた「戦線離脱」将兵を生かしておくことは国民全般の士気を衰えさせ、陸軍刑法をも無視する由々しき怠慢であった。（『空白の沖縄戦記』一九五ジペー）

旅団司令部は恐るべき案を立てた。徳之島飛行場の一角に特別営倉を作り、これら離脱将兵を収容する。そこへ米軍機は本土爆撃の帰途、徳之島飛行場に放置された特攻機の残骸を狙って残弾を投下している。営倉に当たれば中にいる将兵の爆死は間違いない。それで「戦死」扱いにできる。いわば米軍に殺してもらおうというものだ。司令部は本気だった。

注33　高田利貞少将は、九月七日越来村森根の米軍司令部前で行われた降伏調印式で、宮古の納見敏郎陸軍中将、奄美大島の加藤唯雄海軍少将とともにいわゆる「降伏文書」にサインした。

特別営倉建造命令が井上・鬼塚両部隊に下達された。

東郷少尉には信じられないことであり、抵抗した。鬼塚部隊長（大佐）は、東郷少尉が体育を教えていた中学校時代に配属将校をしていたことを知り、面会を求めて訴えた。東郷少尉らは、「宇土部隊長の命令で、弾薬・食糧補給のために徳之島へ来島したのであり、〃戦線離脱〃、〃脱走〃と見なされるのは耐えられない。弾薬・食糧の補給を受けたら、われわれは沖縄に逆上陸し、斬り込みをしようと意気込んでいる」と力説した。

その説明に鬼塚大佐は感動し、逆に東郷分隊だけでなく、脱出者全員を沖縄へ逆上陸させる案を思い立ち、旅団司令部で、特別営倉案に反対し、沖縄逆上陸案を提起した。その提案は決定され、沖縄脱出将兵全員が「沖縄奪還クリ舟挺身隊」として組織されることになる。「東郷分隊は先遣隊となり、五号無線機、弾薬、食糧等を直ちに受領し、沖永良部島を出発して沖縄へ逆上陸をすること、上陸した後は上陸地点を待機中の挺身隊後続部隊に連絡せよ」という命令が発せられた。

しかし、東郷分隊はなかなか沖縄へ向け、出発しなかった。

そうした状況下、八月一一日の夜、東郷分隊（東郷少尉以下九人）の宿舎を訪ねた軍人がいた。憲兵軍曹である。軍曹は「雑嚢、上衣など、持ち物を全部並べろ」と命令した。分隊員は憤激の情を抑えて、雑嚢・上衣・図嚢などを薄暗い座敷に並べると懐中電灯を点滅させながら点検した。そして、「この島の地図、島の風景を写生したものは持ち出すな。出発までに身辺整理をして地図・写生図・手帳など、この島に関するものは、一切焼き捨ててもらう」と東郷少尉に念を押す。憲兵が立ち去ると、部下の軍曹が「隊長殿の刀を貸してください。あいつをぶった斬ってやる」と大声を出した。さらに「あんまりだ、隊長殿。

おれたちゃ、沖縄へ行って死なななならんのだ。それをスパイ扱いするとは、何ですか、何ですか」と泣き始めた。

憲兵からスパイの疑いをかけられ、ついに東郷少尉は沖縄への出発を決断せざるをえなかった。

東郷少尉の分隊が先遣隊として沖永良部島を出発したのは、八月一二日だった。二隻の大型クリ舟に弾薬、食糧を積んで出発したが、悪天候に翻弄され、対岸の与論島にたどり着くのがやっとだった。そして、一五日夕刻、沖永良部守備隊から「行動中止」の命令を受けた。東郷少尉は後に知るのだが、八月一五日正午、昭和天皇の玉音放送がラジオから流れ、大日本帝国は連合軍に無条件降伏したのであった。東郷分隊は沖永良部に戻り、クリ舟挺身隊の沖縄逆上陸は幻に終わった。

三角中尉

宇土部隊の第二大隊長・佐藤少佐の副官だった三角光雄中尉は、米軍の猛攻をかわし、八重岳から多野岳へ脱出、さらに米軍に追われ、北部山中を彷徨した。他の敗残兵同様に米軍との戦い以上に厳しい飢えとの闘いの日々となった。三角中尉は北部東海岸の台上にあった一〇戸ばかりの開拓農家に行き着いた。農家へ兵を一人当て住み込ませ、農業を手伝わせた。代償は食べさせてもらうことである。堆肥代わりの雑草を刈り、ソテツの葉を土中に埋め込み、その上にイモの蔓を植えるのが仕事だった。裸足での作業はソテツの葉のトゲが足の裏に刺さって辛い仕事だった。

七月の初め、三角中尉が畑でイモの蔓を植えていると、兵二人を連れた東郷少尉が通りかかった。東郷少尉は、軍司令官（牛島満第三二軍司令官）の自決を告げ、「いずれ米軍は国頭地区の掃討戦にかかると思うから早く、沖縄を脱出した方がよい、自分は支隊長の命令で沖縄の戦訓を持参し、与論から島伝いに内地に渡り大本営に行くところだ」と言って立ち去った。（『燃える海――輸送船富山丸の悲劇』一九九ページ）

三角は、七月下旬になって与論島への脱出を決意、舟（サバニ）を探した。軍に協力的だった住民もこの頃になると、非協力的で舟はアダンの陰に隠して譲ろうとはしなかった。八月間近の夕暮れ、半ば略奪するように舟を入手して、国頭村我地の海岸から与論島を目指し漕ぎ出した。三角中尉ら六人は満身の力を絞って漕いだ。暗くなってから毛布の帆を上げ、一三時間後に与論島に着いた。

その後、徳之島の旅団司令部に出頭し、高田旅団長に沖縄の現況について報告せよ、との命令を受けた。徳之島で、高田旅団長は、宇土大佐の命令を待たずして沖縄を脱出したことを軍の掟に背いた行為として叱責した。そして、直ちに沖縄へ引き返すよう、三角中尉に命令した。

その日は八月一五日だった、と三角中尉は覚えていた。終戦を知っていたはずの高田旅団長が、「沖縄に帰れ」と命令したことは軍の威厳を守るためか、あるいは宇土大佐の名誉を傷つけない計らいなのか、三角中尉には理解できなかった。結局、高田旅団長の無茶な命令は実行されることはなかった。その年の一二月初旬、徳之島の海岸で武装解除を受けた後、帰還船十島丸で鹿児島を経て郷里に復員した。

殺害された船頭

県立第二中学校の配属将校・高山代千八中尉も与論島へ脱出したが、彼はクリ舟の主（漁師）を騙している。高山中尉と最後まで同行していた二中生徒の平良朝英の証言では、高山中尉は本村恵常教官とともに国頭村安波からクリ舟を雇い、六月一八日に脱出した。平良は置き去りにされた。しかし、高山中尉らを乗せたクリ舟は翌日戻ってきた。クリ舟の主は愚痴をこぼした。高山中尉は約束通りの金額を支払わなかったのである。約束では出発前に半金、着いてから半金を払う約束だったが、着いたら日本刀で追い返された、という。安波へ戻る途中、米軍機の機銃掃射を受けた話もした。

平良は当初、「三人で鹿児島まで行こう」と高山中尉に言われていた。平良は高山中尉らのために食糧を探し、煮炊きもした。住民は兵隊には同情しなくても痩せて小さい平良には食べ物を分けた。高山中尉はクリ舟で発つ前に平良に年齢を聞いた。平良が一七歳未満と分かると、「民間人だから連れて行けない。気をつけて元気で頑張りなさい」と百円を与えて、別れた。平良は内心で「イイバー（その方が都合いい）」と思った。（『戦世を生きた二中生　沖縄県立第二中学校第三二期生卒業四〇周年記念誌』[34]一五六ページ）

金武村屋嘉にあった海軍基地に配属された防衛隊員・金城嘉吉の証言によると、海軍の敗残兵だった山口兵曹長は、住民を脅して食糧を強奪したほか、家畜も盗んでいた。大宜味村田嘉里で女性を暴行し、国頭村楚洲へ逃げた。さらにサバニを雇い、与論島へ渡った。その際、サバニの船頭を殺害し浜辺に埋めている。（『秘録　沖縄決戦　防衛隊』一一二ページ）

注34　『戦世を生きた二中生　沖縄県立第二中学校第三二期生卒業四〇周年記念誌』（一九八六年）

米潜水艦に救助される

『異色戦記　沖縄脱出』には、海上を漂流中に米潜水艦に救助されたことが書かれている。

沖縄戦が終わって一カ月半経ったころ、犬童一等兵ら三人は有津（当時久志村）の浜で座礁している山原船を見つけた。昼間は米兵が船首から海に飛び込んで遊んでいた。米軍は日本兵に盗用されないように船底に穴を開けてあった。犬童らは船を修理し、脱出することにした。海軍の兵士や軍属八人も合流した。

器用な海軍兵が松の木を切って帆柱を作り、櫂を削った。毛布は船底の穴埋めに使われたほか、帆にもなった。毛布は何十枚も必要だった。犬童一等兵らは死体置き場から死体を包んだ軍用毛布を次々に盗んだ。苦労して食糧も集めた。八月初旬、犬童一等兵ら一一人は夕闇の迫るのを待って、船を浜から一気に押し出した。

異様な船だったが、順調に海上を走った。しかし、三日目、暴風に見舞われた。転覆を免れるために帆柱に張った帆を切り離した。難破船となって、西へ漂流した。七日目の朝が来た。船は依然西へ漂流していた。水・食糧が尽き、一一人は死体のように船底に倒れていた。グラマン機が飛来して、機銃掃射を浴びせた。三人が死亡した。

八日目の朝、米潜水艦が船の近くに浮上した。甲板に米兵の姿が見え、マイクが「ニッポンノヘイタイサン、イマ、タスケニイキマス」と呼び掛けた。犬童一等兵らはグアム島へ連れていかれ、捕虜生活を送る。復員したのは一九四六年一〇月だった。

警察別動隊

日本軍の敗色が濃くなった五月一三日夜、島田知事、荒井警察部長の命を受けて、警察特別行動隊（通称・警察別動隊）が結成された。任務は県庁職員や住民の戦闘に対する協力状況や沖縄戦全般にわたって政府に報告することである。謝花喜福警部を隊長に八人が選抜され、翌日から行動に移った。海上は米軍に抑えられているため、陸上から国頭に向かい、舟で脱出することになった。途中、謝花隊長が戦死したほか、隊員の多くが捕虜になるなど困難を極めた。しかし、一人宮里徳英警部補は、奥集落にたどりつき、サバニで与論島へ脱出した。既に七月二一日になっていた。宮里はさらに沖永良部島で足止めされているうちに敗戦となった。さらに奄美大島古仁屋から復員船金十丸に乗り込んだのは一〇月初めとなっていた。そして、ついに東京で任務を果たした。

終戦後、九州を中心に六万人の県人がいた。内務省は沖縄県福岡事務所を臨時県庁にし、北栄造を沖縄県知事代理に任命した。北は宮里が警察学校勤務のころの警務課長だった。北の計らいで、宮里は内務省で島田知事に命令された沖縄戦の報告をした。特に、強調したのは、沖縄県民のスパイ行為があったために戦争に負けたのだという流言を打ち消すことだった。（池原徳英「沖縄戦・敵中突破——沖縄警察別動隊の記録」『新沖縄文学二〇号』）

沖縄県民のスパイ行為で戦争に負けたというデマ・流言はまことしやかに広がっていた。台湾や沖縄からの疎開者や疎開学童がいた九州各地でも噂になり、県民を苦しめた。多くの民間人が犠牲になったサイパン玉砕直後の一九四四年七月七日に、政府は緊急閣議を開き、沖縄から九州へ八万人、台湾へ二万人の計一〇万人の疎開を決定した。教師が引率する集団学童では八月一二日の第一陣を皮切りに九月までに五五八六人が熊本、宮崎、大分県へ疎開した。
当時三〇歳だった那覇市の主婦は、七歳の長女を筆頭に乳飲み子まで四人の子どもを抱えて九州へ縁故疎開したときの体験を『沖縄の慟哭　市民の戦時・戦後体験記（戦時編）』[35]につづっている。

忘れられないのは、熊本にいるときに、沖縄人がスパイしたので、沖縄戦では日本軍が敗けた。というデマが飛んで、大変にいやな思いをさせられた。どうして、そのようなデマが飛ぶようになったか、私たちには見当もつかないので、情けなかった。疎開者たちはそのようなデマを否定しようと思っても、その根拠もないので、だまっている外に方法もなく困った。（『沖縄の慟哭　市民の戦時・戦後体験記（戦時編）』二五三ページ）

また、大分県へ学童疎開した具志頭国民学校の学童の一人も「地元の子どもたちとは、よくケンカした。沖縄の悪口をいうので、そろばんでたたき、壊したことがある」と体験をつづっている。沖縄の悪口とは、「沖縄にいる父母、きょうだいがスパイしたので負けた」という流言である。大人たちは噂し、子どもたちも真似た。「沖縄スパイ」と言われ、ケンカとなった。

参謀たちの脱出

沖縄守備軍第三二軍首脳は五月二七日、首里城地下の司令部壕を脱出し、島尻の果て、摩文仁岳の洞窟に司令部を移した。六月二三日、牛島満司令官、長勇参謀長が自決するま

注35　『沖縄の慟哭　市民の戦時・戦後体験記（戦時編）』（那覇市企画部市史編纂室、一九八一年）

で、戦いは続いた。牛島司令官は生き残った参謀たちの脱出を許可した。ある者は本土へ沖縄戦の状況を報告する任務を帯び、または遊撃戦を展開するために摩文仁の洞窟を去った。逃げ出したと、誤解されないようにと、文書でもしたためられた。

参謀の中で最も早く沖縄を脱出したのは、神直道参謀である。五月初め、牛島司令官と長参謀長は、神参謀を東京へ派遣する命令を出した。派遣の目的は、「国軍航空の総力を挙げて沖縄周辺の敵艦船を攻撃し、もって敵の沖縄攻略の企図を断念せしめるほかはないとの意見を直接に具申する」ことにあった。(『沖縄決戦』二六二ジペー)

八原高級参謀は、内心この案に賛成しかねたが、既に署名もしており、敢えて反対せず、黙認した。神は摩文仁付近から水上機に乗る計画だったが、十数日経過しても水上機は来なかった。三宅忠雄参謀は取りやめた方がよい、と八原に意見具申し、司令官もやむなく中止命令を出した。五月二七日、司令部が摩文仁に撤退する直前、神はクリ舟に帆をかけて名城から出発して脱出に成功し、与論島から徳之島へ到着、さらに飛行機で東京へ飛んだ。摩文仁の参謀部洞窟では六月九日頃、「神参謀、徳之島到着」の電報を入手した。長参謀長は電報を手にしたまま大声で、「神を呼び戻せ!」と叫んだ。(『沖縄決戦』三三九ジペー)

六月一五日、混成旅団参謀の京僧彬少佐が、八原を訪ね、部下の森脇中尉を脱出させることを願い出た。森脇は対戦車教育普及のために歩兵学校から沖縄へ同行させた。森脇をここで殺すわけにはいかないので、沖縄戦訓を持たして、歩兵学校へ帰したい、というのだ。司令官、参謀長は許可した。八原は、森脇が脱出に成功したことを戦後に知った。

一七日、敵将バックナー中将からの牛島司令官宛の降伏勧告文が第一線の手を経て司令部に届いた。

一八日、摩文仁の司令部で、最後の軍命令が出された。命令書には「……最後まで敢闘し、生きて虜囚の辱めを受くることなく、悠久の大義に生くべし……」とあるが、八原の『沖縄決戦』(三六一ページ)によると、この文言は長参謀長が加筆したもので、牛島司令官は黙って署名した。

薬丸兼教参謀は、軍の組織的抵抗崩壊後、各参謀はアメリカ軍占領地区内に潜入し、各所に残存する小部隊を糾合操縦して、遊撃戦を行うべき、との実行計画を立案して提示した。敵線突破の成功率は極めて少ないが、全員参加して生き残った者がこれを遂行する。木村正治参謀は、沖縄本島南部地区、薬丸参謀は北部地区で、遊撃戦に任じ、三宅、長野英夫の両参謀は本土に帰還し、戦況戦訓を報告する。八原高級参謀も本土への帰還が命じられた。後日の証のために参謀長が通信紙に命令をしたためた。

参謀には各二人の随行者をつけた。いずれも一六、一七歳の鉄血勤皇隊員だった。

八原高級参謀は牛島司令官、長参謀長の自決を見届けてから摩文仁を脱出した。行き先は国頭村半地。参謀部に勤務していた鉄血勤皇隊員の新垣の家があった。そこで鋭気を養い、舟を準備して与論島へ向かう計画で、難民に紛れて北上する予定だった。しかし、六月二六日、具志頭洞窟で米軍と交渉し、大勢の避難民らと投降した。

私は、回廊の出口に立っているアメリカ兵に、「この洞窟の中には、数十名の老若男女が避難している。今から皆が私と一緒に出て行くから発砲するな」と英語で話しかけた。彼は「よろしい。一切の武器を棄てて出て来い」と答える。

「射つな!」、「武器を棄てよ!」と交互に繰り返しつつ、とうとう私は洞窟外に一歩

を踏み出した。(『沖縄決戦』四〇七〜四〇八ジペー)

八原に従って老人、女、子供、負傷した日本兵も続々出て行った。洞窟から出たのは五〇〜六〇人で八割が避難民だった。県民にとって八原高級参謀の功績は、米兵と交渉し、投降したことである。

八原は難民の群れに紛れて冨祖崎の「蘇南《ママ》」(注・楚南の誤記か)家に収容され、時折米軍の作業にも出た。冨祖崎一帯の住民は国頭に移動させられることになり、七月二六日頃、屋比久検問所での審査で、沖縄守備軍の高級参謀であることがばれ、米軍に引き渡された。しかし、米軍の厚い待遇を受け、八原高級参謀は広島、長崎への原爆投下、ソ連参戦、さらに八月一〇日付の米第一〇軍機関誌『バックナー』で日本が無条件降伏を申し込んだことを知ったが、「私は煩悶したが、死を選ばなかった」と書いている。その後、屋嘉収容所に移され、一二月三〇日に帰還第一陣数百名の一人として米輸送船で牧港を出帆した。

住民が降伏しなかった理由

飢えてはいても住民の多くは米軍に投降することはなかった。当時、小学校(国民学校)三年生は、次のように証言している。

山の畑にいた次郎じいさんが、「アメリカーどーい」と大声をあげて報せた。みんなは、くもの子を散らすように山へ逃げた。五分ほどたってから銃声が四、五発聞こえて来た。この時、みんなを逃がしてやった次郎じいさんは、山の中腹を登る途中頭を撃たれて即死した。

このように、米軍の捕虜狩りの方法は、生け捕りと銃殺の二つしかなかった。投降する者は生け捕り、逃げる者は老幼男女を問わず銃殺した。

国頭山中の避難民は、六月二十三日の沖縄戦終了をまったく知らなかった。たとえ知らされてもデマだといって信じなかったにちがいない。

私たちは、日本兵にさんざんひどい目に会わされ、餓死に直面しながらも米軍に投降しようとはしなかった。私たちは、沖縄戦終了後一カ月以上たってもなお、神州不滅という神がかり的な信念を堅持し、天皇の赤子としての誇りを死守しようとしていた。いま振り返ってみると、まったく狂気の沙汰であるが、当時の軍国主義教育によって一億総発狂させることができたからこそ、あの残酷かつ愚劣きわまる戦争に国民を狩り立てることができたのだと思う。(『沖縄の慟哭　市民の戦時・戦後体験記（戦時編）』四八六ページ)

沖縄戦での住民犠牲については島尻地域での出来事が語られることが多い。しかし、北部地区での住民犠牲も島尻地区に劣らず大きかった。「琉球新報」のコラム「落ち穂」欄(二〇一四年七月一六日)で、読谷村民の戦争体験悉皆調査を担当した豊田純志は次のように書いている。

米軍上陸時に村内にとどまった住民三四四一人に対し、避難指定地の国頭村への避難は五四二九人である。前者のうち戦没者は五九一人で、米軍上陸時の四月に集中しているのに対し、後者のうち戦没者は七八一人で、時期は四月から八月までの数カ月間に及んでいる。四月よりも五月、七月と多くなるのは、死亡原因の多くが栄養失調やマラリアによる病死であることからもわかるように、山中での避難生活の末に力尽きて亡くなるケースが多いからである。

住民を救った沖縄系米兵

沖縄戦には数多くの日系米兵も従軍した。一九四一年一二月八日（米時間七日）の真珠湾攻撃で激怒したアメリカは日本人のみでなく二世のアメリカ市民も強制収容所に収容した。その後、アメリカは政策を変え、日系市民を兵隊として徴兵した。もちろん米国への忠誠を誓った者だけである。日系部隊は、ヨーロッパ戦線にも送られ、ドイツ軍と戦ったほか、日本との戦場となった太平洋の島々では語学兵として活躍した。二世といっても日本語を上手に話せるわけではない。日本語を話すだけでなく、聞ける、書ける、読めることも訓練した。

日本軍捕虜の尋問、戦場で確保した日本軍の陣中日誌などの文書のほか、兵士の持っていた手紙、日記のたぐいまで押収し、翻訳された。陣中日誌には部隊の将兵の数、どのような訓練を受けたか等々、米軍が知りたいことがいっぱい書かれていた。沖縄戦では、おびただしい数の降伏ビラが作られ、「生命を助けるビラ」などさまざまな内容が書かれて撒かれているが、これも細かいところは日系兵士がかかわった。

沖縄戦では、沖縄口（ウチナーグチ・方言）の分かる兵士は重宝された。住民が潜んでいる壕の入り口から、メガホンで声を掛けた。父母の出身地を告げ、米軍は住民を殺すことはない、出て来なさい、と方言で呼び掛けた。

沖縄系兵士の中には、志願して沖縄戦に参加したのもいた。肉親を助けるためである。その中の一人にフランク・ヒガシ（東江盛勇）がいた。フランクは太平洋戦争が始まる前の一九一八年にアメリカで二男として生まれている。父は沖縄出身の東江盛長で、盛勇が三歳の時に帰国し、弟の康治（六男）と平之（七男）が生まれた。フランクは中学卒業後、再びアメリカへ渡った。そして太平洋戦争が始まった。

二人の弟は県立第三中学校学徒隊として動員され、村上大尉率いる第一護郷隊に従軍した。平之は一年生で一四歳だった。

戦場で劇的に再会した東江盛長（右）と盛勇親子＝東江平之氏提供

フランクはミネソタ陸軍情報部学校で情報兵として通訳、捕虜尋問の訓練を受けている。そこには沖縄出身者が一〇人いたという。第二七師団の通訳として沖縄に来たフランクは出身地の名護で、家族を捜した。東江家の安否を尋ねる米兵の噂を聞いた父親の盛長は、息子かも知れない、と山を下りて米軍キャンプへ向かった。二男フランクとは八年ぶりの再会だった。

康治は四月中旬、右胸を撃たれ、二カ月間何とか持ちこたえていた。弟の平之も一緒に行動していた。父と兄の投降の呼び掛けにも「降伏するわけにはいかない」と説得を拒んだ。戦後、康治はアメリカの大学で学び、博士号を修得した。琉球大学の教授や学長を務め、さらに名護市にできた名桜大学の初代学長に就任した。開学時に掲げた理念は「平和」である。平之もアメリカに留学し、『沖縄人の意識構造』(36)などを著して、沖縄人のアイデンティティーについて研究を続けた。兄と同じく名桜大学の学長（二代目）にもなった。

フランクのすぐ下の弟・ジョー（東江盛常）は、兄とは反対の行動を取った。徴兵を拒否し、カリフォルニア州ツールレークの日系強制収容所で終戦までの三年半を過ごした。

少年護郷隊之碑＝名護市

少年**護郷隊**

名護小学校の正門右手に丘があり、そこには「少年護郷隊之碑」が建立されている。第一護郷隊隊長だった村上治夫が「少年護郷隊之碑建立縁起」を次のように簡単にまとめて

注36　沖縄人の意識構造』（沖縄タイムス社、一九九一年）。東江家の沖縄戦については、辻本昌弘『沖縄、時代を生きた学究　東江平之』（沖縄タイムス社、二〇一七年）に詳しい。

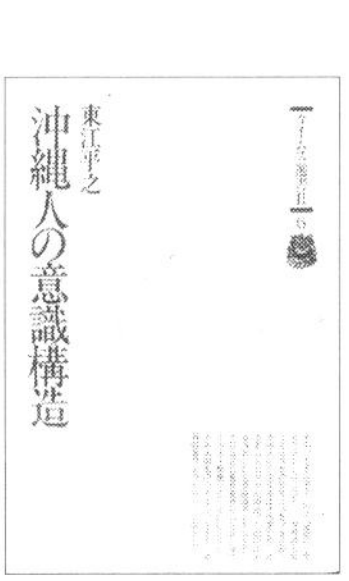

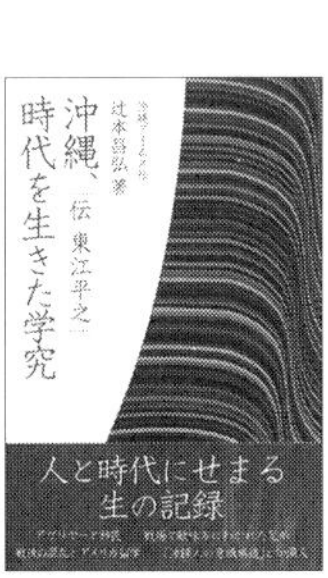

いる。

昭和十九年十月　当時十七、八才だった少年が防衛召集により召集され護郷隊を編成し此所名護小学校に誕生した。猛訓練の末山原各地を転戦し郷土防衛の大任を果し散華された英霊を慰霊顕彰せんと揺籃の地に碑を建立するのが最も適地であると元隊員の総意に基いて、発祥の地名護小学校に建立した。

大本営直轄第一護郷隊隊長
村上治夫
昭和三十二年建立

また、恩納村安富祖には恩納岳を陣地にした「第二護郷隊之碑」が建立されている。隊長は岩波寿。第一護郷隊員の戦死者九一人（戦死率一四・八七％）、第二護郷隊員の戦死者は七一人（戦死率一八・二一％）だった。

大本営直轄というのは、諜報・防諜・謀略・宣伝など特殊任務要員を養成した陸軍中野学校の出身者が護郷隊を編成したからである。大本営は沖縄に「第三遊撃隊」「第四遊撃隊」を配置したが、「故郷は自らの手で護る」との意味で、それぞれ「第一護郷隊」「第二護郷隊」と命名した。

村上、岩波らは中野学校卒業と同時に沖縄赴任を命じられ、一九四四（昭和一九）年九月一三日には小禄飛行場に降り立ち、すぐに第三二軍へ着任のあいさつを行った。大本営では、沖縄守備軍の第三二軍が壊滅しても両遊撃隊がゲリラ活動を続け、大本営へ戦況を報告することを期待した。

沖縄本島南部を守っていた第九師団が台湾へ転出した後、守備陣地の変更のほか、県民の根こそぎ動員が始まった。護郷隊への召集は北部地区の少年を中心に第三次まで行われた。県立第三中学校では、一年生まで従軍したほどであった。両護郷隊は、沖縄戦終了間もなく解散し、大本営の目論見は画餅でしかなかった。村上隊長は降伏を拒否、一九四六年一月まで、山中に潜伏した。

宇土大佐の降伏

一〇月三日、辺土名と鏡地の一帯で国頭支隊の将校一二人、兵士八六人、軍夫一人が投降した。宇土大佐は、一一月一日、軍装に威儀を正し、刀を吊って山を降りた。田井等地区で米軍政官メリス大尉に投じた。

宇土部隊の生き残りの将兵からは評判が悪い大佐だが、森兵長らが鹿児島へ帰還する船の中で、米軍は宇土大佐を高く評価している、との噂話が広がったという。「アメちゃんにしてみれば、宇土部隊がいちばんアメリカ兵を殺さなかったからな。宇土大佐をほめるのはあたり前さ」との声もあったが、森兵長は「自殺的戦闘を不合理と考える米軍の目で見ると、宇土大佐は米軍将校と同類の戦術思想を持つ指揮官と見なされたのであろう」と思っていたようだ。

「宇土大佐は昭和二一年に郷里長崎県島原市の自家に帰還し、静かな晩年を過ごし、数年前に天寿を全うして逝去されたという」(『空白の沖縄戦記』二七四ジペー)

宇土部隊の戦没者をまつる「和球の碑」＝名護市

和球の碑

一九六五年、宇土部隊（球七〇七一部隊）の戦没者をまつる和球《にぎたま》の碑《いしぶみ》が名護城山頂付近に建立され、六月二二日、碑の除幕式と慰霊祭が行われた。碑文は牛島司令官の妻・君子の書で、次の内容である。

　昭和十九年七月　沖縄　鹿児島　宮崎　熊本大分　五県出身の将兵軍属四千名を以て編成された球七〇七一部隊は沖縄戦で約三千名を失いました　私どもは祖国日本の繁栄と世界平和の礎となられた亡き戦友のみなさんの霊を慰めるためにこの碑を建てます

　昭和四十年六月廿二日　元球七〇七一部隊
沖縄県　鹿児島県　宮崎県　熊本県　大分県　生存者一同

『沖縄脱出』の著者の犬童元二等兵は、戦後郷里で教員を勤め、小学校校長で退職した。除幕式には、招待された八人の一人として参加した。犬童以外はすべて元将校だった。この訪問に際して、那覇港では思いがけぬほどたくさんの人が出迎えた。比嘉松栄・元軍医中尉（立法院議員・琉球大学理事）、政岡玄次・元上等兵（銀行重役）、久高正信・元上等兵（木材会社社長）、山川宗秀・元上等兵（泡盛醸造社長）などもいた。除幕式の夜、名護市の料亭で歓迎会が行われた。末席にいた犬童は、一〇人ほどの中年のおばさんたちに取り囲まれ、「犬童二等兵先生！」と呼び掛けられた。懐かしがったのは犬童が指導、訓練した「女子挺身隊」の生き残りだった。しかし、犬童が覚えていた隊員はいなかった。「多分、彼女らはどこかで爆死したか、自決したか、餓死したかだったでしょう」と、犬童は書いている。

戦後六〇年を迎えた二〇〇五年六月二三日、生存者らが和球の碑で最後の慰霊祭を行った。生存者は高齢化し、建立当初は二〇〇人ほどいた参列者も二〇人ほどになっていた。今後は個人的に参拝することになった。宇土大佐の三男（七〇歳）も初めて参加した。「責任者としての心の傷があったのか、父は沖縄戦をあまり語らなかった」という。同碑友の会の山川宗秀会長は「元気でいる限り、戦死した皆さんのみ魂を守っていきたい。それが生き残った者の務めだ」と話している。（「琉球新報」、二〇〇五年六月二五日）

デマを吹聴する日本軍

浦添村仲間に進駐した石兵団（第六二師団）の会報（一九四四年九月七日）に次のような記述が認められる。

3　管下ハ所謂「デマ」多キ土地柄ニシテ又管下全般ニ亘リ軍機保護法ニ依ル特殊地域ト指定セラレアル等防諜極メテ警戒ヲ要スル地域ナルニ鑑ミ軍自体此ノ種違反者ヲ出サザル如ク万全ノ策ヲ講ゼラレ度（『沖縄県史　資料編23　沖縄戦日本軍史料』[37]一五七ページ）

しかし、『沖縄県史』および各市町村史の戦争体験記録を見ると「デマ」の発信源は大半が日本軍だ。「スパイ」についての体験記録も証言が数多く掲載されている。沖縄戦では一〇〇〇人がスパイの疑いをかけられ、日本軍に殺害されたとみられる。

『西原町史　第三巻資料編二　西原の戦時記録』[38]にも数多くの事例が報告されているが、特に当時、西原村の兵事主任だった大城純勝（三九歳）の記録は詳細で衝撃的である。西原村には一九四四年夏から歩兵第一一大隊（第六二師団）などが布陣し、食糧供出、陣地づくり、防衛隊召集など村をあげて協力した。兵事主任は適齢期の村民の徴兵、防衛隊召集が任務で、軍との橋渡し役でもあった。

　四月一日夜、役場は、時ならぬ騒々しさが起こった。[39]本日、米軍は北谷の海岸に上陸し、もう普天間附近まで攻め寄せているので、夜陰に乗じて逃げて来たとかで、宜野湾、中城村民が押し寄せて来たのである。地方事務所の職員も全部やって来た。重要書類を焼却せよとの命に従い、明け方までかかって漸くかたづける。役場職員も総動員して、二日の正午までに他村民を全部壕に収容させてホッとする。遂に敵は来たのだ。（略）

デマは砲煙弾雨の中に乱れ飛ぶ。もし捕虜になったら酷い目に逢わされるのだと、

注37　『沖縄県史　資料編23　沖縄戦日本軍史料』（沖縄県教育委員会、二〇一二年）

注38　『西原町史　第三巻資料編二　西原の戦時記録』（西原町役場、一九八七年）

注39　西原村は役場の近くに役場壕を掘り、重要書類などを移した。書類は現在も残っている。

すなわち男は裸体にさせられて、戦車の前に立て弾除けにするとか、老人と子供等は残酷にも戦車で轢き殺し、若い女は弄ぶとか、また宜野湾村長は捕虜となるや、若い娘をかり集めて慰安所の主人となって、米軍に協力しているとか、普天間区長は、青年を指揮して米軍作戦に協力しているとか、事実らしく吹聴するのである。このようにスパイが多いので、日本軍は苦戦しているのだと、いよいよその責任を県民に負わせはじめて来たのである。（『西原町史　第三巻資料編二　西原の戦時記録』四四六～四四七ジペー）

村民の犠牲者が続出してきた。大城は初年兵が全滅したとの噂を聞いて、訓練も十分でない沖縄出身ばかりの初年兵を真っ先に前線にかり立てたことに怒りを覚える。さらにデマの多さにあきれる。

日本軍は飛行機を飛ばさない代わりにデマを飛ばすのである。

嘉手納に逆上陸したとか、読谷飛行場に一個師団の精兵を、グライダーで降下させたとか、国頭に上陸した敵兵は一兵も残らず潰滅したとか、今や米軍は南北からの日本軍の攻撃を受けて、袋の中の鼠同様なもので、その全滅はただ時間の問題だと。「軍を絶対信頼せよ」と強制的に訓練された県民は、それは真実なるものとして、死の直前に佇んでいる恐怖も忘れて、胸を踊らし、秘かに期待し、全滅の日の一刻も早やからんことを切に念願したのである。（同四四七ジペー）

（注・四月下旬）石部隊は善戦の効なく全滅したようで、四、五日前東風平方面から山部隊が交替して来た。この部隊は実に無茶だった。なにしにやって来たかわからなかった。来る早々、沖縄県民は皆スパイだと怒鳴りつけるのである。

僕はスパイ容疑で二時間不審尋問を受けた。役場へ行こうとして、津記武多《チキンタ》[40]前を通ろうとすると壕の中から頻りに怒鳴るので、何かと思うと、この壕へ来いと命令するのである。さて行って見ると、いきなりお前はスパイだろうと、頭ごなしだ。藪から棒で、私は唯、呆然とせざるを得ない。いくら用件と職名を説明しても、ラチが明かない。

「学校教員とか官公吏は、皆スパイだ。具志頭村長外六一人スパイ嫌疑で検挙されたのだ。お前もスパイだ」、と一向にこっちの言うことを耳に入れようとしない。「僕がスパイだとの何か確証でもあるか」と反問すると、

「敵機の飛んでいる最中、壕から脱け出て歩く奴は、スパイでなくて何か」全く話にならない。

「私たちは職責のために、こう冒険して歩くが、どうすればよいか」

「壕の中に引込んでおれ」とブッ切ら棒に答えた。（同四四九ページ）

宜野湾村民の受難

米海兵隊の専用基地になっている普天間飛行場は、沖縄に上陸した米軍が、日本本土爆撃のための飛行場として近隣の宜野湾、神山、新城などの集落をブルドーザーで押しつぶして造成された。現在、同飛行場は宜野湾市の二五パーセントの面積を占める。

注40　チキンタは地名。グスク遺跡がある。陣地壕が掘られた。

宜野湾街道の松は、北は普天間宮前から南は比屋良川（嘉数集落の北）まで五・八キロの間に三〇〇〇本近くあった。宜野湾《ジノーン》並松《ナンマチ》と呼ばれたこの松並木は、記録によると琉球王府時代の一六〇〇年代に、国王が首里から普天満宮に参詣するために植えられたという。樹齢三〇〇年を超えた松並木は、一九三二（昭和七）年には国の天然記念物に指定されたほどの偉容を誇っていた。しかし、沖縄戦では、陣地構築資材、米軍戦車や車両の妨害障壁として伐採された。大人三、四人で抱えるほど大きく、一日平均二人ひと組になって三本切ったという。また、宜野湾村はガマ（鍾乳洞、洞穴）が多く、集落毎の避難の場所となった。

沖縄本島に上陸した米軍は、日本守備軍のさしたる抵抗も受けずに南下を続けた。四月四日、宜野湾村長の仲村渠春寿は、胃潰瘍をわずらいながら、親戚と共にマーカーガマ(41)に身を潜めていたが、戦況が一段と激しさを増したため、南下することを断念し、先祖の墓地に隠れるためマーカーガマを出た。間もなく仲村渠村長は、米軍の捕虜となった。当時、村長は六一歳。一方、桃原亀郎助役は、北部へ疎開する村民を指揮していた。兵事主任や配給主任など職員は手分けして、村民の安全対策、軍との折衝に当たっていたが、村長は病気で気力・体力共に失せていたと言われる。

米軍は住民説得を続けた。片言の日本語混じりの言葉で「コロシはシナイ、デテコイ、デテコイ、シンパイスルナ」と壕の中から住民を出した。米軍は壕から住民救出を図るためにハワイ二世を起用した。

いち早く捕虜になった村民の中でペルー帰りの人達も憲兵隊から呼ばれ、住民救出に起用された。そのために、まだ戦線の続いている島尻方面では宜野湾出身はスパイ

注41 神山在、現在は普天間飛行場内にある。

であるとうわさされた。「宜野湾村民はスパイだから殺せ」とうわさが流れ、村民を名乗ることもできなかったという。（『戦禍と飢え　宜野湾市民が綴る戦争体験』(42) 二一〇ページ）

沖縄戦で死亡した宜野湾村民は三六七四人にのぼった。捕虜になってから飢餓やマラリア等で死亡した者も多い。当時の人口一万三六〇〇人の約三割に達する。最も死亡率の高い集落は長田、我如古、志真志、嘉数、佐真下等で人口の四四～四六％に当たる。

県立第一中学校二年の古波蔵信三（当時一五歳、普天間在住）は、一九四五（昭和二〇）年三月末、召集令状を受けた。配属先は南風原村津嘉山に本部を置いていた無線隊だった。

古波蔵は、中隊に着くといきなりビンタを張られた。殴られた理由が分からず、何度も殴られた。後になって理由を聞くと方言を使ったというのである。その後、中隊長のもとに連れて行かれ、宣誓をし、軍帽・軍服の支給を受けた。五月下旬、急造爆雷班に編入された。約三〇センチ四方の木箱にダイナマイトを詰め、信管を取り付けて爆弾を造った。転進するときは爆雷だけでなく、手榴弾、米など持てるだけのものを持たされた。体力の限界を超え、精神力で動いていた。摩文仁村、喜屋武村と移動した。どこもかしこも死体が転がっていた。

私は宜野湾出身だということで中隊長のところへ引っ張られていき、「宜野湾の村長がスパイをやっている。お前の家族もそうじゃないか」と言われた。村長が捕虜になっているとのことであった。私は宜野湾が玉砕になったことを聞いて泣いた。（『宜野湾市史　第三巻資料編二　市民の戦争体験記録』二二三ページ）

注42　『戦禍と飢え　宜野湾市民が綴る戦争体験』（宜野湾がじゅまる会、一九七九年）

仲村渠村長がいち早く捕虜になったことについて、松川正義（当時二〇歳、現地入隊で石部隊の機関銃中隊）は次のように語っている。

普天間神宮の中に洞穴がありますが、そこは普天間を中心にした避難場所でした。それから野嵩の部落内にも壕があり、また新城、神山、宜野湾（字）――もとの首里街道沿線の部落ごとにも壕があります。

そこいら一帯は、米軍の迅速な進撃に、住民自体も意表を衝かれた状態で捕虜になったと思います。

そのために当時の宜野湾村長について、捕虜になってスパイをしたという噂が流れたのです。それは日本軍の中から起っていました。ちょうどわれわれも宜野湾出身だもんだから、嘉数の駐屯部隊内でもその噂があり、あてつけがましくですね、「君たちの村長は捕虜になってスパイしているんだ」と、それくらいあっけにとられた状態で捕虜になっているんです。だからあれは実際にはスパイしたということでなしに、このへん一帯の住民全部が捕虜になってしまい、その中に村長もいたもんだから、そういうデマが出たとしか思えませんね。（『沖縄県史　第九巻　沖縄戦記録』二五九～二六〇ページ）

軍民共生共死

沖縄戦の一年前に、南洋群島の島々は、米軍の圧倒的な攻撃を受け、数多くの住民（沖縄県民が多かった）が陸海軍の守備軍もろとも犠牲になった。南洋庁が置かれたサイパンの戦いでも非戦闘員の住民（沖縄県民が多数いた）や現地住民を巻き添いにし、激烈を極めた。一九四四年六月一五日の米軍上陸から始まった戦いは、米軍が圧倒し続け、七月七日守備軍は玉砕した。この住民を巻き添えにした戦闘は来るべき沖縄戦の様子を予感させるには十分だった。

東京の大本営は七月一八日午後、サイパン玉砕を発表した。大本営の考えは軍民共生共死である。軍隊が玉砕したのに、住民が生き延びることは考えられないことだった。疎開が間に合わず、二万人の在留邦人が取り残され、八千人から一万人の民間人が死亡した。軍人は三万人が戦死し、約千人が捕虜になった。

玉砕発表の中で、「サイパン島の在留邦人は、終始、軍に協力し、およそ戦い得るものは敢然戦闘に参加し、おおむね将兵と運命を共にせるものごとし」と強調した。

サイパン攻略後、米軍は隣のテニアン島にも上陸、一一日間で占領した。さらにグアムも占領した。九月三〇日の大本営発表では、大宮島（グアム）、テニアン島の部隊が全員壮烈なる戦死を遂げた。さらに「在住同胞亦終始軍の作戦に協力し全員我が将兵と運命を共にせるもの如し」としている。どうしても全員が死んで欲しかったようだ。

投降者も呼びかける者もスパイ

捕虜になった住民の中には、米軍に頼まれて洞窟などに隠れている住民への投降呼び掛けに参加した者も少なくない。多くは感謝されたが、中には「スパイだ」と悪口を言う住民もいた。投降呼びかけでは日本兵に発砲されることもあり、命がけの行動でもあった。

浦添村の男性（当時二六歳）は、四月下旬、浦添城跡付近で米軍の捕虜となった。ハワイ生まれで英語が話せたという男性は、住民を洞窟から出す仕事を手伝うことになった。米兵が住民の隠れている洞窟を見つけると、男性はマイクで呼び掛けた。米軍からは「日本語でなく、沖縄口でやってくれ」と言われた。しかし、住民がすぐに出てくることはなかった。

なかなか出て来ない。（略）中には七、八名、大きい壕になると二、三十名もおるわけなんですよね。それで私は沖縄口で話合うわけです。ところが中には、私に向かって、いい若いもんがスパイなんかやって、とかなんとかさんざん悪口をいうんですよ。でも彼等は外のことは判らないんだからと思って、我慢して、なんとしても一人でも救えたらと願って話すわけですよ。（『沖縄県史　第九巻各論編8　沖縄戦記録』四二四ジペー）

せっかく、救助されたものの自決する女学生がいた。男性は米軍憲兵隊に呼ばれて自決の理由などをいろいろ訊かれた。

女学生が折角トラックに乗せてから自決したが、それはどういう気持からかと、質問を受けたわけです。私もそれには返答に困ってしまって、兎に角、教育はみんな小さいときから日本は絶対だと、日本が負けることはないと、そういうふうに教育を受けていて、女学生もそれを忠実に守ってやったんじゃないかなというふうに話したわ

けです。憲兵隊は考えられないことだと頭を振っておったですがね。(同四二五ページ)

当時一六歳の男性(読谷村)は次のように証言している。

一緒にいたアメリカ兵は私を、住民を壕から出す係にしようと思ったのか、また次の壕へ行き、私に投降を呼びかける役目をさせた。

次の壕では、「英幸はスパイをしている。もう大変だ」といって、反対側の出口から全員逃げ出してしまった。そうした人たちは、山原へ行ってよけい大変な目にあったと思う。戦後になって、「あなたが呼びかけてくれて、お陰で命が助かったよ」とお礼に来る人もあれば、「スパイ」だと陰口をたたく人もいた。(『読谷村史　第五巻資料編4　戦時記録　下巻』[43]五〇二ページ)

通じなかった日本語

米軍の語学将校(第六海兵師団第二九連隊)として沖縄戦に参戦し、住民へ投降を呼びかけたグレン・ネルソン元中尉(当時二三歳)は、コロラド州ボールダーの海軍学校で一四カ月間、日本語の集中講義を受けた。約五〇人の講師はほとんど日系一、二世だった。沖縄上陸前、ハワイ真珠湾の収容所で日本兵の捕虜と初めて話す機会があり、やりとりで自分の言葉が十分に通じると確信した。しかし、その期待は沖縄で裏切られた。

沖縄でまず気がついたのは自分の言葉が住民にほとんど通じないことだった。「沖縄の

注43　『読谷村史　第五巻資料編4　戦時記録　下巻』(読谷村、二〇〇四年)

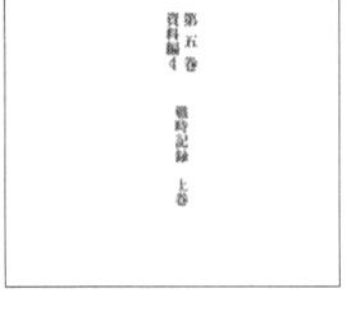

方言と普通の日本語が違うことを聞いてなかった。特に年配の人の方言はまったく分からなかった」。それで収容所にいる地元の民間人に「米軍は何も悪いことはしない。助けに来たのだからガマから出てくるようにと、同胞を説得してくれ」と頼み、同行してもらった。

最初に出てくるのは、多くが大人たちに送り出された子供や小さな子供を抱えた若い母親だった。「私たちが恐れていたのは、もし民間人に交じって日本兵が潜んでいたらということだった」。ある時、ガマに向かって投降を呼び掛けたが、何の反応もなかった。しばらくして中から爆発音が聞こえた。「日本兵がいて自爆したのだ」という。投降しようとする人たちに向かって、ガマの中から日本兵が発砲したこともあった。

民間人だけなら大抵うまく救出することができたが、日本兵が交じっていると困難を極めた。日本兵には武士道をかたくなに信じる者がいた。敬意を払うべき部分もあるが、彼らのそういう態度は恐ろしかった。

ところで日本兵すべてが「敵の捕虜になるな」という戦陣訓を守ったわけではない。ネルソン自身も日本兵数人が穴から出て投降したと証言している。その中のひとりがネルソンに言った。「きのうあなたがガマから出るよう皆に呼び掛けているのを見た」という。「なぜ撃たなかったのか」と聞くと、「撃ったら自分たちの居場所がばれ、撃ち返されると思った」と答えた。ネルソンはいつ殺されてもおかしくない状況だったことを知り、「ぞっとした」。

ネルソンが証言した二〇〇五年は、沖縄戦から六〇年の節目だった。ネルソンは沖縄戦で多くの住民を救出できたことを誇らしく語っている。(「沖縄戦六〇年　戦を刻む」「琉球新報」、二〇〇五年五月三〇、三一日)

方言を話す者はスパイ

一九四四（昭和一九）年三月に沖縄守備軍第三二軍が編成され、同年夏から守備軍として中国大陸に展開していた師団が沖縄に派遣されてきた。沖縄各地に展開した部隊は温かく迎えられた。なにせ沖縄を守りに来た日本軍の勇士である。しかし、ヤマトの兵隊にとっては、沖縄の気候・風土・生活は違和感を覚えたであろう。特に、年寄りらの話す言葉は意味不明である。

米軍が上陸して九日後、第三二軍は球軍会報で「五、爾今軍人軍属ヲ問ハズ標準語以外ノ使用ヲ禁ズ　沖縄語ヲ以テ談話シアル者ハ間諜トミナシ処分ス」（『沖縄県史　資料編23　沖縄戦日本軍史料』五〇ジペー）と極論するまでになった。一八七九（明治一二）年、沖縄県が誕生して以来、政府は教育面で徹底的な皇民化教育を行ってきた。国家の求める沖縄県民は十分に育っていたが、如何せん、お年寄りの大半の日常会話は標準語（いわゆるヤマトグチ）とは縁が遠かった。ヤマトから来た日本兵から見たら化外の民であろう。しかし、県民にとっては迷惑至極のことでしかない。では、日本軍のいう標準語とは何だったのか？　次のような興味深い指摘がある。

日本の軍隊には、厳密な意味での標準語の使用はなかった。軍隊には軍隊特有の言語のほか、語い、語法、発音における地方のなまりがあり、およそ標準語などといえる言葉はほとんど使用されていなかった。球軍会報にいう標準語とは、おそらく、沖縄の方言以外の鹿児島から北海道にいたる各地の方言、すなわち、まちがいだらけのヤマトグチのことを標準語といっているものと思われる。

数多くのスパイ容疑・拷問・虐殺事件を引き起こした、その原因は何か、石原昌家氏は、沖縄大百科事典のスパイ容疑の項に

「沖縄県民にたいする同胞感の欠如、外国語に通暁する移民体験者が多いと思われること、沖縄県が正規部隊を配置していない島嶼からなること、なによりも帝国主義軍隊の本質として住民をスパイ視する素地がすでにあったことがあげられる」と記している。（『中城村史　第四巻　戦争体験編』[44]四四〇ページ）

『防衛隊』『少年護郷隊　スパイ遊撃隊による山中ゲリラ戦』など沖縄戦について精力的にまとめている福地曠昭は、住民をスパイ視した第三二軍の疑心がなぜ起きたかについて次のように話す。

> 沖縄戦にそなえて、沖縄本島に配置された三二軍は、戦闘準備のために、県民の労力と資材を根こそぎ動員して陣地をつくり、砲を据えた。これらの動員によって県民多数は軍の配置や陣地の模様を知ることになった。アメリカ軍が沖縄本島に上陸してきたとき、これら軍の秘密を知る県民たちがアメリカ軍にそれを漏らすのではないかという疑心のとりこになった。多数の住民が日本軍にスパイ視されて虐殺されたり集団自決を実行させたことの背景にはこのような日本軍の疑心があった。（「国家秘密法案と沖縄」「琉球新報」、一九八七年三月五日）

注44　『中城村史　第四巻　戦争体験編』（中城村、一九九〇年）

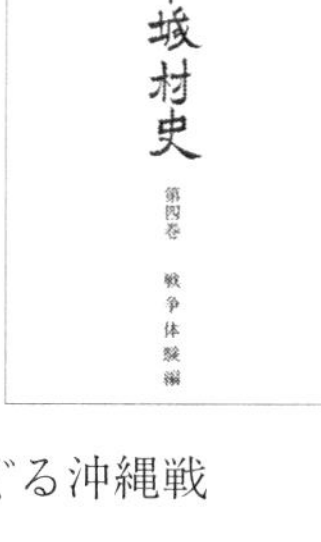

さらに福地は、疑心は軍隊だけでなく住民側にもあったと指摘した。

疑心というのは日本軍にだけでなく、住民の間にも兄弟の間にさえもまん延していた。信じあっていると思ってもいつの間にかスパイとしてのうわさをたてられる。心理的にはこれがいちばん怖い。戦時中、スパイ視された人はほとんど住民からの密告だった。（同）

「ほとんど住民からの密告だった」とは言い過ぎだが、当時の日本は軍機保護法、国防保安法、要塞地帯法などさまざまな法律が施行され、国民の目と口、耳をふさぎ戦争へ総動員していた。沖縄戦では、攻める米軍の兵力・物量は補給のない日本軍を圧倒した。日本軍は自らの戦闘能力のなさを棚にあげて、米軍の攻撃に追いまくられると県民がスパイしているから負けていると勘ぐったのである。

ホテルのおやじはスパイの大将

沖縄戦間近の沖縄は、のどかだったのだろうか。あるいは、スパイ話は庶民の憂さ晴らしだったのか。

『私の戦後史　第五集』(45)で、沖縄ホテルを建設した宮里定三は、スパイの噂話に熱中する県民を次のように紹介している。

注45『私の戦後史　第五集』（沖縄タイムス社、一九八一年）

「沖縄ホテルのおやじがスパイの大将。名幸の坊主（護国寺の名幸芳章氏）は参謀長で、糸満郵便局長が通信員」という流言飛語が、那覇中に広がったのである。これに尾ひれをつけて、「宮里と名幸が砂辺の浜で処刑された」というデマも飛び、「死んだか」と確認の電話までかかってくる始末。しまいには笑い話ではすまなくなり、警察が調べに来たほどだった。（『私の戦後史　第五集』二九二〜二九三ジペー）

一九四二年、「沖縄ホテル」は本格的なホテルとして建設された。場所は波上の護国寺山門前にあった。当時の技術の粋を集めたホテルには、電力の冷蔵庫、水洗便所、蛇口からお湯も出て、見物人が後を断たなかったという。県民にとって初めてみる西洋文化だった。これが、スパイ騒動の起因となった。

当時の水洗便所はモーターで水をくみ上げた。「便所でモーターの音がするのはおかしい」。アメリカ製の冷蔵庫があるのも、妙だ。フロントで客が託送電報を送ったら、郵便局以外で電報を打つのはなぜか。貴賓室に偉い人が泊まると玄関には憲兵が立った。それを見て、「宮里が捕まった」となった。

沖縄ホテルの貴賓室に最初に泊まったのは、朝鮮の李王殿下。工事途中の一九四一（昭和一六）年末のことで、仮オープンして迎えた。太平洋戦争が始まって、ホテルは陸海軍のお偉いさん方の宿泊所となる。一九四三（昭和一八）年には南方視察の帰りに来県した東條英機首相も宿泊した。

一〇・一〇空襲はスパイの手引き？

一九四四（昭和一九）年三月、沖縄守備軍第三二軍が設置されるが、この現地軍もたびたび沖縄ホテルを利用した。同年一〇月一〇日から三日間、長参謀長統裁の司令部演習を計画、九日までに徳之島、宮古島、石垣島、大東島などから兵団長や幕僚が那覇に集結した。

第三二軍司令部は久し振りに全軍幹部が参集したので、これら幹部を沖縄ホテルに招集し、大宴会を催した。久しぶりの宴会は大いに盛り上がった。第三二軍幹部は酒の勢いも手伝って「米軍なにするものぞ」「沖縄には一歩たりとも上陸させせぬ」「水際で撃滅だ」と気勢をあげた。ホテルからさらに市内の料亭の二次会に流れ、遅くまで酒をあおった。その翌一〇日早朝、沖縄上空に飛行機の大編隊が現れたのである。（『汚名　第二十六代沖縄縣知事泉守紀』(46) 一一三〜一一四ページ）

米軍の艦載機による波状攻撃は五波に及び那覇市内は壊滅し、武器弾薬・糧秣・医療品など第三二軍は多大な被害を受けた。守備軍の判断ミスなのだが、この一〇月一〇日の空襲の後で、本土では「沖縄が米軍の奇襲でやられたのは、沖縄のスパイが米軍を手引きしたために違いない」との噂が流れたという。

単なる噂話だけでなく、かなり信じ込まれたようで、沖縄選出の国会議員がわざわざ事実関係の調査のため帰県している。結局、根拠のないただの流言蜚語とわかったが、現地軍が責任転嫁するために流したらしい、ということになった。（同一二二ページ）

県立二中の英語教師だった城間盛善は、一〇・一〇空襲直前に妻子を越来村に避難させていた。日米開戦で鬼畜米英のスローガンを掲げ、反米教育をあおる教育に変わると

注46　野里洋『汚名　第二十六代沖縄縣知事　泉守紀』（講談社、一九九三年）

一九四四（昭和一九）年四月から英語廃止となった。城間は退職を申し出たが、校長に断られ、作業主任を任じられた。軍の陣地構築作業に生徒を配置する役目である。一般人より純真な生徒が良く働くと評価し、いくらでも軍は要求した。一〇・一〇空襲で下泉町の借家は跡形もなかった。後片付けもすみ次第に落ち着いてくると、城間は暗にスパイ呼ばわりされた。「なぜ空襲前に家族を疎開させたのか」「空襲を知っていたんだろう。敵の言葉を知っている人はいいいな」と。城間は『私の戦後史　第六集』[47]で次のように書いている。

実は「空襲がある」ということを知っていたのは、事実だったからである。むろん、英語で知ったのではない。日本軍の首脳部から、聞いていたからだ。彼らにとって、陣地構築に生徒を配置する作業主任の私は、いいお得意様である。作業場を見回りに行くと、いろんな情報を教えてくれるのだった。今度も「今日の偵察飛行は空襲の前ぶれだ」と、耳打ちされた。それを聞くと私はこっそり、妻子を越来村へ避難させたのだった。

しかし口外すれば友軍からとがめを受けるし、住民からはスパイ扱いだ。貝になっているよりほかになかった。敵の言葉を知っている。ただそれだけで人一倍用心し、わが身を守らなければならなかった。（『私の戦後史　第六集』二七八ジペー）

城間の話からすると日本軍は米軍がいつ来てもおかしくない状況だったことを分かっていたことになる。それを警戒することなく敵機の蹂躙にまかせたのだ。

注47　『私の戦後史　第六集』（沖縄タイムス社、一九八二年）

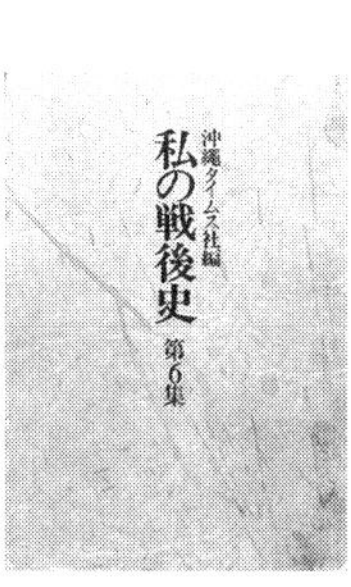

陰毛を剃った女スパイ

およそ常識では考えられないデマもあった。

六月ごろ、沖縄県庁の人口課長だった浦崎純は、真壁（現糸満市真壁）近くで体験したことを書いている。

> 私たちが洞窟へ降りようとしているところに、先ほどの部隊長が現われた。県庁も軍に協力してくれというのである。何事かと聞くと、彼は赤鉛筆で書かれた書面を見せた。それにはこう書かれていた。
> 「この付近にスパイが潜入している。沖縄出身の妙齢婦人で、数は四、五十名ほどと推定される。彼女らは赤いハンカチと小型手鏡をもっていて、陰毛をそり落としているのが特徴である」
> 部隊長は、まじめな顔でその書面を私たちに見せると、スパイ逮捕に協力してくれといった。気が狂っているのかと思ったが、態度は真剣だし、くりかえし重要な部隊情報であることを説明したので、気はたしからしかった。
> それでも馬鹿馬鹿しいので取りあわずにいると、彼の顔が険しい表情に変わった。気味悪くなった私たちは、そうそうに洞窟を飛びだした。（『沖縄かく戦へり　二十万戦没者の慟哭』(48) 一四九ページ）

壕の中に迷い込んできた一人の婦人は小ざっぱりした衣服を身につけ、壕内で兵隊らと

注48　浦崎純『沖縄かく戦へり　二十万戦没者の慟哭』（徳間書店、一九六七年）

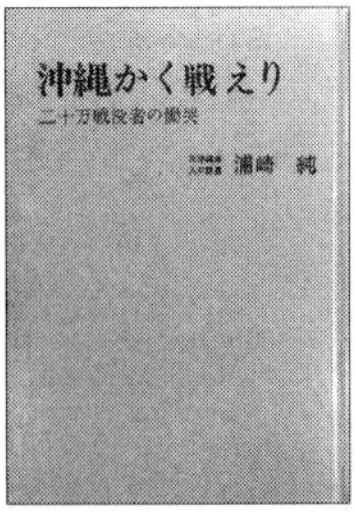

同居していた村民のように薄汚れていないことを見とがめられ、射殺された。

それを〔小ざっぱりした衣服を身につけた婦人―引用者注〕見とがめた兵隊の中に、「おかしいぞ」という者がいた。
「米軍に頼まれて様子を見に来たんじゃないか」
するとその声に応じて奥の方から、「その女を出すな！」という命令が聞こえた。間もなく壕の奥で、「兵隊さんが私を殺す。助けてください。ヤマトの兵隊が……」と女の泣き叫ぶ声が訊えた。その瞬間、女の悲鳴とともにパーンという小銃の発射音が壕内にこだました。（渡辺憲央『逃げる兵　高射砲は見ていた』(49)二〇五㌻）

当時、壕内にいた渡辺憲央は、婦人が殺害された理由について次のように述べている。

あの当時ね、壕の入り口を徘徊する沖縄人があったらそれを調べろという命令があったんです。あとね、「女で手鏡を持っている者がおったら、それ調べろ」という命令だったんですよ。手鏡で信号を敵に送ると言ってね。マンガみたいでしょう、でも本当よ。そんな注意事項が回ってきておったのよ。「気をつけろ」と。上からそんなこと言ってくるんだから、下っぱの奴はそれを信用するんですね。（『三人の元日本兵と沖縄　読谷村史　第五巻　資料編4(50)「戦時記録」関係資料集』一九二～一九三㌻）

身づくろいに関して、次のような証言もある。

注49　渡辺憲央『逃げる兵　高射砲は見ていた』（文芸社、二〇〇〇年）

注50　『三人の元日本兵と沖縄　読谷村史　第五巻　資料編4　「戦時記録」関係資料集』（読谷村史編集室、二〇〇二年）

3人で相談して「どうせ死ぬなら、洋服も上等なのを着て死んだ方がいい」と上等の洋服に着替えたんです。そしてチビウサギー壕に入ろうとしたら日本の兵隊さんに「こんなにきれいにしているのはスパイ」と言われて捕まえられ、「手榴弾で3名並べて殺すから、ここに立っておきなさい」と言われました。（『糸満市史　資料編7　戦時資料　下巻』[51]九一四ページ）

三人は知り合いの本土出身の上等兵に「スパイする人ではない」とかばわれ、助かった。また、ガマの中でオーバーを着ていた妊婦が疑われた事例も紹介されている。

ガマの中は水滴がチョンチョン垂れるので、体を保護するために、私はいつもオーバーを着ていました。あの時分、田舎でそんな物を着ている人はいないし、真冬でもないのにオーバーを着ているので、ある日本兵が、「お前はスパイじゃないか。オーバーを着ているのは、何かを隠すためなんだろう」と言って、どこかに引っ張っていこうとしました。（同五九三ページ）

女性はこの後、顔見知りの佐敷出身の兵隊が、「妊婦で、お腹をオーバーで隠している」とかばい、難を逃れた。

「沖縄新報」は何を伝えたか

注51　『糸満市史　資料編7　戦時資料　下巻』（糸満市、一九九八年）

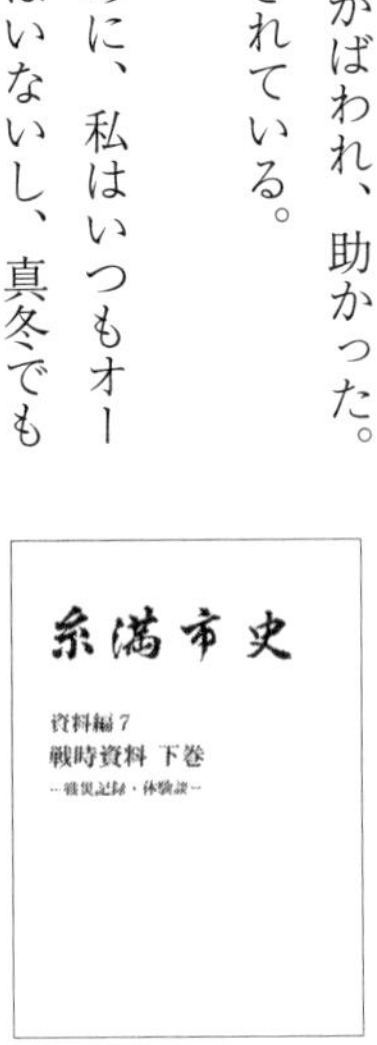

誤報、でっちあげ、嘘八百を並べることは、当時の軍隊の身についた習い性のようなものである。大本営を含む日本の指導者自身が嘘、デマの喧伝者になった。または都合のいいことしか伝えない。当時の新聞報道は大本営の虚報を真実のごとく紙面に載せた。国民に必要なもの、天気図、地震の被害、空襲の被害などは紙面から消えた。一九四〇年一二月、国の一県一紙政策により、「沖縄朝日新聞」「琉球新報」「沖縄日報」が合併して「沖縄新報」となった。

首里城内の留魂壕跡。沖縄戦が始まると同壕内で「沖縄新報」を発行した

沖縄戦が始まると、「沖縄新報」は那覇市牧志から首里城内の留魂壕内に移って新聞を発行した。同壕は沖縄師範学校男子部の生徒が三カ月もかけて完成したもので、吉田松陰の「留魂録」からその名がついた。壕の左端が沖縄新報の社屋になった。社長代理・高嶺朝光、編集局長・豊平良顕以下職員記者が手分けして仕事した。新聞紙面は、タブロイド半切れ（ほぼA4判）の大きさで、裏表二ページ。ローソクの明かりを頼りに活字を拾い、足踏み式印刷機で三〇〇〇部を発行した。首里城地下から司令部が撤退する直前まで発行された。また、軍の要請で沖縄が南北

に分断された場合を考え、北部地区でも新聞を発行することになり、上地一史らを派遣したが、印刷寸前に米軍の爆撃を受けて印刷機が破壊され、発行されなかった。

新聞を刷っても配達できる組織はもはやなかった。島尻方面に避難した住民に対する宣撫工作用として後方宣撫隊（師範健児隊千早隊）に新聞を託し、島尻でばらまいてくれるように頼んだ。千早隊は、常に二、三人一組になって軍司令部で待機しニュースがあるごとに他の隊員にも連絡し、それぞれの指定地域の人々に情報を伝えた。

『沖縄決戦』やひめゆり看護隊、白梅看護隊を劇画で紹介した新里堅進の作品に『劇画沖縄健児隊――少年たちの生と死』がある。その中で、千早隊らしき生徒二人が新聞の束を抱え陣地を訪ねて配る場面がある。

新里堅進『劇画　沖縄健児隊　少年たちの生と死』（「琉球新報」2005年）

ところが、隊長らしき将校は「そんなものいらんッ」「新聞社に本当のことを書けと言えッ」「おれたちが知りたいのは本当のことだ」と怒鳴る。二人は、「本当のことってじゃこれ全部ウソかな」「まさか軍司令部の発表だぞ」と話す。第一線の部隊も軍の発表が嘘だと知っていたのだろう。

生徒たちは、命がけで配達していた新聞が別の目的で使われることも知る。防衛隊員らに「兄さんたち　よかったらその新聞少しわけてくれんね」と言われ、喜んで「いいですよ　どうぞ読んでください」と渡す。隊員らは「あらん（いや）別に読みはしないんだけどよ」「チビヌグヤー（ケツふき）がなくて困っていたわけさー」と返事する。「なんでおれたちは命がけでチビヌグヤー持って歩いているんじゃないんだよ」と憤慨する生徒を「まァそう怒るな　おじさんたちもお国のためにがんばってるんだから」と別の生徒がなだめる。（「劇画――沖縄健児隊　少年たちの生と死」「琉球新報」、二〇〇五年三月二五日）

一九九一年一一月、真珠湾攻撃から満五〇年の取材でハワイを訪ねた。その際、二世の比嘉武信から留魂壕で発行された一九四五（昭和二〇）年四月二九日付「沖縄新報」のコピーをいただいた。この紙面は沖縄二世の比嘉太郎が留魂壕内で見つけ、ハワイに持ち帰ったものだった。何を報じていたか、以下に紹介する。

一面トップは四月一日から二八日までの綜合戦果で、見出しと記事は次の通りである（一五頁に写真掲載）。

一万八千余を殺傷　戦車二九四輌その他火器多数。「現地軍発表（四月二十八日十八時）

一、中頭地区に於て我一線部隊は仲西、宮城、仲間、前田、幸地、翁長の線に於て猛烈果敢なる激戦を続行し陣前において多大の出血を與えつゝあり、特に前田附近の戦闘は最も激越なり

一、四月一日より四月二十八日迄に判明せる地上綜合戦果左の如し
「人員殺傷一八、二七五名、飛行機撃墜三五機、飛行機撃破六二機、戦車かく座炎上二九四輌、自動貨車爆砕七一輌、給水車爆砕二輌、装甲車爆砕十輌、発電車爆砕一輌、弾薬糧秣集積所爆砕二十六ヶ所。

そのほか小銃、短銃の鹵獲まで数字をあげて説明しているが、数字がすごすぎる。また海上での戦果も嘘だらけで、「轟沈　航空母艦一隻、戦艦二隻、巡洋艦十隻、駆逐艦六隻」など計五十四隻を轟沈したとある。撃沈、爆破炎上を含めると実に一〇九隻の軍艦・艦艇に被害を与えている。

それに対して米軍の報告はどうか。米陸軍の「G1レポート」では、米兵の死者は一八六四人。沖縄戦全体でも米軍の死者は一万二千人（平和の礎では一万四千人）である。また米海軍の海軍年表では撃沈された艦船はわずか八隻である。

軍関係の記事はその他、「異数の感状に輝く」と中部戦線に投入された第六二師団（藤岡武雄中将）の奮戦を称えて軍司令官から感状が授与されたことや「けふ天長節　戦場で奉祝」の雑報もある。四月二九日は昭和天皇の誕生日で天長節と呼んだ。「瀕死の空母群に替り敵中飛行場使用」の見出しは、空母が足りなくなった米軍機は中飛行場＝嘉手納飛行場を使用している、との話。そもそも沖縄侵攻そのものが、嘉手納飛行場などを手中にすることにあった。

嘘は軍の発表だけで、他のニュースは嘘ではない。どのようなニュースが取り上げられたのか、見てみると……。一面では、「壕生活の組織化」の見出しの付いた社説。二面は

県庁・警察壕（シッポージヌガマ）の内部（左）と入り口（右）＝那覇市識名

二七日、那覇市識名の県庁・警察壕（シッポージのガマ）で行われた島田県知事が招集した市町村長会議。会議には国頭郡や中頭郡交戦地区を除く南部・那覇・首里の市町村長、警察署長が参加した。県からは知事の他、荒井警察部長、各課長、第三二軍、憲兵隊も参加している。トップ見出しは「勝つぞこの意氣　弾雨を蹴って市町村長会議」、さらに「戦場施策へ力強い推進」「勝つためだぜひ實践　縣民よ頑張り抜かう」と会議の内容を詳しく報道している。クレジットには【大山記者記】とあり、戦後沖縄タイムスの役員になった大山一雄の取材である。

「知事訓話」の見出しは「正義は必ず勝つ　使命達成に敢然たれ」。冒頭、知事は「砲煙弾雨下に決死的集合を願ひ意義深い陣中会議を開催し得たことは衷心感謝にたへない。本日の会議は考へ方によつては日本一の市町村会議で非常に☒☒《不明》深い感激的な集まりである」と話し、「勝利の日まで辛抱をつづけやう」と締めくくっている。

「決戦場に輝く功労者」として各地の義勇隊員

の表彰、「義勇隊の華」として家族六人を抱えながら、砲弾運びや陣地構築に挺身したとして真和志村の主婦（二八歳）が紹介されている。

「那覇市長に兼島助役」の記事は、県外出張した富山那覇市長の留守を預かって敢闘している兼島氏を二七日付けで市長に任命したというもの。一〇・一〇空襲以降、本土に出張したまま戻らない官公吏、県外に逃げた県庁高官らがいた。戦前最後の県知事となった島田叡は、前任の泉知事が帰任しないことから、後任となり、一九四五（昭和二〇）年一月三一日、空路沖縄入りした。二月には知事の右腕というべき内政部長が県外へ出張した。逃亡同然であった。

外電も三本掲載されているがいずれも同盟通信の配信である。同盟通信那覇支局は支局長が本土へ去り、社員も疎開して、空っぽになって「沖縄新報」が引き受けることになった。軍が提供した電力が切れるまで受信機にかじりついて東京からのニュースを壕内で受信した。二九日付の外電の一本は、「エルベの出会い」を報じている。

◎「反枢軍東西合流」（＝記事見出し）

【リスボン二十七日発同盟】ワシントン来電、米英ソ三国政府は二十七日正午（東部戦線時間）西部戦線の反枢軸軍が東部戦線の赤軍と合流した旨正式に発表した。米英ソ三軍の合流は二十六日午後二時（東部時間）ベルリン南方百二十キロ、エルベ河畔のトルガウで行はれた。

ドイツ軍を追って西進するソ連軍と東進する米英軍の合流は、ナチスドイツにとどめを刺した。四日後の三〇日、ベルリンの地下室でヒットラー総統は自殺。五月八日、ドイツは無条件降伏した。

ソ連では「エルベ川の出会い」、米国は「エルベの日」、日本ではソ連映画でソ連兵と米兵が平和を誓うシーンから「エルベの誓い」と呼ぶ。

壕内での市町村会議を取材した大山によると、防諜に関する訓示をした軍司令部情報主任M大尉は「降伏した中部地区の県民の中に友軍の軍用電話を切ったり、軍人の士気阻喪を図ったり、米軍を友軍陣地に誘導するなどの反逆行為が無数にある。かかる非国民を出さぬよう戒めてもらいたい」（田村洋三『沖縄の島守　内務官僚かく戦えり』[52] 二七七ページ）と言い放ち、出席者一同の腹わたを煮えくりかえした。

軍が検閲している以上無視するわけにもいかない。紙面では県の指示事項として、七番目に「軍事を語るな。スパイの発見逮捕に協力しよう」と一行で片づけている。

評価する人、しない人

「沖縄新報」の報道については戦後、非難する声があがった。軍の言うことを無反省に掲載したことなどが断罪された。しかし、当時の沖縄県人口課長・浦崎純のように誉める人もいる。誉めすぎの感なきにしもあらずだが。

沖縄新報社の活躍は、沖縄戦史に特筆さるべき功績だった。

大陸や南方戦線では、第一線報道記者が現地に飛んで取材、内地に送って新聞がつ

注52　田村洋三『沖縄の島守　内務官僚かく戦えり』（中央公論新社、二〇〇三年）

くられたが、沖縄戦では、取材も編集も発行も、あの激しい鉄火の降るなかでなされたのであった。

このような活動は、新聞社の全員が報道人として、崇高な使命観に徹していなければ、とうてい果たしうる業ではなかった。（略）

県民に正確で迅速な戦況を伝えようとする尊い使命感からであった。それだけに県民からとても喜ばれ、読者は頭のさがる思いで、一字一句を感謝をこめて読んだのであった。（『沖縄かく戦へり　二十万戦没者の慟哭』一二二～一二三ジペー）

浦崎は、同盟通信の配信記事をめぐり編集局内の論議を紹介している。

問題になったのは、東京滞在中の沖縄出身代議士が送った郷土を思うといった所感と、かつての沖縄県知事からの県民へ送る言葉だったといわれた。（略）沖縄を見捨てて去った人たちから、今さら郷土を思うでもあるまいと、編集局では怒りを爆発させ、高見の見物はまっぴらだというので、せっかくの原稿はボツにされ、屑籠に放りこまれたという。

一方、牧港篤三（当時沖縄新報記者、戦後沖縄タイムス役員）は、後悔、反省した。「使命とか使命感とかじゃなく、なにかに駆り立てられているような思いだった。自分でもよく分からない。とにかく一生懸命だった」と回顧し、さらに「第三二軍司令部の情報将校の発表を鵜呑みにして書くだけだった。それを実に一心不乱にやった。穴に入りたいくらい恥ずかしい。そういう気持ちが真っ先に来る。新聞発行自体がおかしなことだった。いまから思えばなんと馬鹿なことをやったかと思う」。重い口調で語った。

戦没新聞人の碑＝那覇市旭が丘公園

刷り上がった「沖縄新報」を壕生活している住民に配った一人、池原秀光（師範健児隊）は「当時疑いもしないで配ったり宣伝したりした。発表通り戦果を説明し、わが方損害軽微といえばみんな喜んでもう少しがんばろうとなる。これはまずかった。自分のふがいなさ、判断力のなさを感じた」（「一枚の新聞〜沖縄戦下の記者たち」ＮＨＫ沖縄放送局制作、一九九三年）

新聞を配達した師範生徒は二二人、うち九人が戦死したという。

戦後、那覇市旭ヶ丘に「戦没新聞人の碑」が建立された。碑文は以下のように刻まれている。

　一九四五年春から初夏にかけて沖縄は戦火につつまれた。砲煙弾雨の下で新聞人たちは　二カ月間にわたり新聞の発行を続けた。これは新聞史上例のないことである。その任務を果して戦死した十四人の霊はここに眠っている。

一四人は「沖縄新報」の屋富祖徳次郎ら一二人と「朝日新聞」那覇支局長・宗貞利登と「毎日新聞」記者・下瀬豊である。「毎日新聞」野村勇三支局長は奇跡的に生還した。

「スパイはいたのか?」

「怪信号弾ノ件　一、七月以降沖縄本島方面ニ出所不明ノ信号弾ニ関スル情報多々アリ軍ハ其ノ出所ヲ探査中ノ所十月中旬――下旬ノ間憲兵隊ノ異常ナル努力ニ依リ何レモ星光、月光、友軍飛行機ノ翼灯航空機誘導灯、友軍信号灯（弾）、自動車前照灯、ランプ灯、焚火、魚光等ヲ誤認セルモノト判明セリ」（参謀部陣中日誌案　昭和十九年十一月一日）（『沖縄県史　資料編23　沖縄戦日本軍史料』七二ページ）

第三二軍残務整理部が戦後まとめた沖縄作戦の「3、諜報」では、「状況ノ緊迫スルト共ニ隆《ママ》火光事件頻発シ且敵潜水艦ニ依ル沖縄人間諜ノ潜入説等宣伝セラレシモ各部隊及憲兵隊ノ努力ハ之ガ確証ヲ挙グルニ至ラザリキ」（同八九ページ）と記されている。また、第三二軍のナンバー3だった八原博通は『沖縄決戦』の中で他人事のように話している。

「スパイ」事件はときどきあった。二世が潜水艦や落下傘で、沖縄島に上陸して活動しているとか、軍の電話線を切断する奴とか、そしてこの女スパイのように、火光信号をもって敵と相通じるとか。しかしこれまで真犯人はついぞ捕らえられたことはなかった。（『沖縄決戦』一八七ページ）

「スパイはいたのか?」の答は、無論「いなかった」である。しかし、「スパイ」と難くせをつけられ、数多くの住民虐殺が行われたのが沖縄戦の実相である。

Ⅱ　大砲が語る戦世

首里の北側に位置する西原村（現在は町）には、一九四四（昭和一九）年八月、独立歩兵第一一連隊（第六二師団）が配備された。連隊本部は西原国民学校（現西原中学校敷地）に置かれた。住民は軍への食糧（豚肉、野菜や芋等々）供出に協力したほか、陣地壕や小那覇飛行場（西原、与那原飛行場ともいう）建設に老若男女問わず動員された。さらに男性は大半が徴兵、あるいは防衛隊として軍に徴用された。村内二カ所に造られた野戦病院には女性が臨時看護婦として参加した。米軍の攻勢で、守備軍が崩壊寸前になったため南部への上陸に備えていた第二四師団が投入された。その直前になってようやく、住民の島尻への避難が指示され、「鉄の暴風」が吹き荒れる中、女性、老人、子どもらは島尻へ逃げた。そこも安全な場所ではなかった。村内戦死者は五一〇六人（戦没率四六・九パーセント）、一家全滅の世帯数四七六世帯（全滅率二二・一パーセント）に上る。沖縄戦の激戦地のひとつで、今でも、山中に掘られた陣地壕などの跡からは遺骨や遺品が出てくる。

掘り出された榴弾砲

西原町は、毎年のように「町内戦跡講座」を開催し、町民の体験談を聞き、沖縄戦について学ぶ。最終日には戦跡巡りをする。私は、二〇〇九年に続いて、二〇一〇年の戦跡講座に参加した。講座最終日の巡検は七月二四日に行われた。巡検は楽しみである。この年は初めて訪れた陣地跡が二カ所あった。西原町幸地の山中、梯子を使って上った急傾斜の斜面に掘られた陣地壕では兵士と見られる五人の遺骨を発掘作業中であった。現場を見て、従来の重機で掘り出して遺骨を収集する方法とは違う、死んだ時の状態のまま掘り出された遺骨からは兵士の無念さが感じられた。講師はガマフヤー（沖縄戦遺骨収集ボランティア）の具志堅隆松、高江洲善清、西原町遺族会の玉那覇三郎らであった。さらに、もうひとつの陣地壕跡へ移動した。そこも西原町幸地で、那覇バプテスト教会が建っていた。

その日手渡された資料に、新聞記事（「琉球新報」二〇〇四年一二月一五日付）のコピーがあった。写真は、掘り出された大砲を、現場責任者らしき人が指差している。見出しは四段の大きさ。主見出しが「日本軍壕から大砲」。サブ見出しが「西原町が平和教育活用要望」。見つかったのは一二月九日。大砲は一五〇ミリ砲で、後に「九六式一五糎榴弾砲(1)」と判明する。

日本軍壕から大砲
西原町が平和教育活用要望
幸地・建築現場

【西原】西原町幸地の建築工事現場で、旧日本軍の陣地壕跡が見つかり、中から大砲などが出てきたことが十四日までに分かった。周辺からは不発弾七十五発や薬きょうなどのほか人骨や万年筆、ヘルメットなど遺品も見つかっており、最近見つかった人骨を除き県が収集した。陣地壕は工事で埋められ、工事現場にある大砲は「激戦地だった西原町の平和教育の一環で生きた教材として展示したい」と西原町役場（新垣正祐町長）が要望しており、陸上自衛隊の指示を受けながら調整している。大砲は大里村で二〇〇二年二月に見つかった事例に続くもの。

現場は那覇バプテスト教会の新会堂と付属幼稚園の移転に伴う建築工事現場。工事現場の責任者(三八)によると、七月下旬から擁壁を築き、造成を進め、現在は基礎工事中。九月から十月にかけて磁気探査作業中に五インチ砲弾などの不発弾を発見。十月二十一日に自衛隊が不発弾を現場で処理した。

十一月以降も、掘削作業中に人骨、手りゅう弾、サーベルなどを発見。十一月九日には陣地壕跡も見つかり、その中から人骨、大砲の薬きょうを発見。その後も別の場所から人骨と機関銃の弾などが次々と見つかった。

さらに今月八日に一発約四十キロとみられる不発弾七十五発などが見つかり、翌九日には百五十ミリ砲とみられる大砲が見つかった。

西原町幸地の建築現場で見つかった九六式一五糎榴弾砲の記事＝「琉球新報」2004年12月15日付

新聞記事によると、幸地の建築現場は那覇バプテスト教会の新会堂と付属幼稚園の移転に伴うもの。七月下旬から擁壁を築き、造成が進められた。九月、一〇月の磁気探査作業中に五インチ砲弾（米国製）などの不発弾が見つかって、陸上自衛

注1　九六式一五糎榴弾砲。糎はセンチメートルだが、軍隊ではセンチと言わず、サンチと呼ぶ。一九三〇年代に開発され、一九三七（昭和一二）年制定。重量は約四トン。口径は一四・九一センチ。砲身長三・五メートル。最大射程一一・九キロ。総生産数約四四〇門。なお、榴弾は弾の内部に火薬が詰められた砲弾のこと。爆発すると、弾殻が破砕し、飛び散った破片が広範囲に被害を及ぼす。

隊不発弾処理隊が現場で処理した。一一月以降も人骨、手榴弾、サーベルなどが見つかった。さらに、一一月九日、陣地壕跡が見つかる。その中から人骨と大砲の薬きょうを掘り出した。別の場所からも人骨、機関銃の弾が次々と見つかった。

一二月に入っても不発弾の発見が相次ぎ、八日には一発四〇キロとみられる不発弾七五発を発掘し、翌九日になって一五〇ミリ砲を見つけた。

紙面で見る大砲は、米軍の直撃を受けたのか、砲身（三・五メートル）を除きかなり破壊されているように見える。新聞記事には記載されていないが、「戦跡講座」の講師・玉那覇は、「砲身の中には砲弾が詰まっていたことが分かった」と語った。まさに米軍と交戦中に被弾したのだろう。遺骨・遺品を発掘した陣地壕跡は埋められ、その後現場には教会の施設が完成している。

当時、町長だった新垣正祐は現場を視察し、「激戦地だった西原町の平和教育の一環で生きた教材として展示したい」と語った。新垣は、一九四三年西原町我謝生まれ。長年教育畑を歩き、西原中学校校長を任期半ばで退職して、二〇〇〇年九月の町長選挙に立候補したが、現職の翁長正貞に僅差で敗れた。しかし、二〇〇四年九月の町長選で、八代目の西原町長に就任した。平和教育の一環としての大砲の展示にはかなり熱心だった。

翌二〇〇五年三月の西原町議会定例会で新垣町長は施政方針を読み上げた。「平和事業の推進」として大砲の設置を訴えている。少々長いが紹介する。

　戦後六〇年が経過しようとしている今日、不発弾の処理や遺骨収集など、いまだに戦後の後遺症を引きずっております。特に去る沖縄戦では県民約十数万人が犠牲になり、本町においても住民の約半数近くの尊い命と多くの財産、そして貴重な文化遺産や自然を失いました。

このようなことから、私は平和の問題については、町政の最重要課題として位置づけ、どのような大義があっても戦争そのものは破壊と殺戮だけであることを知っております。あの忌まわしい沖縄戦の悲劇を忘れることなく、「命どぅ宝」を後世に語り継ぎ、平和な社会建設に努めていくことが何より優先すべき課題であると考えております。

戦火により僅かにその原型をとどめる一五〇ミリ榴弾砲が昨年一二月に幸地の旧日本軍の陣地壕跡から発見されております。すさまじかった六〇年前の歴史の一端を昨年完成した図書館広場に設置し、生きた教材として平和教育に活用し、町民の平和意識の高揚及び恒久平和の実現をめざしてまいります。

二〇〇五年三月、西原町長
施政方針

「大砲図書館」

町長が施政方針で述べた内容には何も問題はない。戦争の遺物を平和教育に活用することは、まれではない。大砲を負の遺産として平和教育に活用したい、との気持ちは伝わる。計上された予算は一三九万円。議会では賛成多数で可決された。ただ、問題になったのは設置の場所である。新垣町長は施政方針で述べたように前年に完成したばかりの町立図書館敷地内を展示場所とした。ところどころ破壊されているとはいえ、砲身はしっかり残っており、だれが見ても大砲だ。武器を展示しているとしか考えない町民もいるだろう。

町の方針を受けて反対に立ち上がったのが、「西原町・図書館を考える会」（大澤星一、浦崎成子共同代表）。議決から約半年後の二〇〇五年九月七日には、図書館前に大砲が設置された。翌八日付の「沖縄タイムス」は、「いずれ『大砲図書館』と呼ばれ、図書館の本来の使命を果たせなくなる」「大砲の設置には町民へのきちんとした説明会を開いてほしいと要請してきた。それが無視され、設置が強行されたことは許せない」との大澤代表の話を載せた。同日付の「琉球新報」で共同代表の浦崎は「大砲が図書館や町のシンボルにならないか心配だ」と指摘。「大砲設置を考える集い（仮称）」を開催し、図書館からりゅう弾砲の撤去を要請する予定」と報じた。

西原町立図書館前から移設された九六式一五糎榴弾砲
＝西原町立中央公民館裏

町立図書館は二〇〇四年八月、開館したばかりだった。初代館長は宮城保（元沖縄県公文書館館長）。西原町は、首里にあった琉球大学、沖縄キリスト教短期大学の移転を受けて、「文教の町西原」をキャッチフレーズにした。しかし、町民には町政への不満があった。文教の町には図書館がなかったのだ。「図書館がほしい」との強い要望が町に寄せられ、ついに翁長正貞町長二期目に建設が進められ、町民期待の中、落成した。

八月二〇日、開館記念式典で、翁長は「町政二五周年の記念すべき年に図書館が開館でき、これに勝る喜びはない。町民のみなさまに広く親しまれ、愛される図書館となることを期待する」とあいさつした。図書館の利用もこの日スタート。午後一時から七時までに一五〇〇人が訪れ、二四六二冊の貸し出しがあった。立地条件も良い上に、熱望して完成した図書館だけに利用率は高い。図書館建設の功労者と言うべき翁長の後継者となった立候補者は、皮肉というか開館から一カ月足らずで実施された町長選挙では、再チャレンジした新垣に敗れたのである。

新垣町長の施政方針から七カ月後の二〇〇五年一〇月一三日、「九六式一五センチ榴弾砲」と「説明板」の除幕式が行われた。五九年間泥に埋もれていた大砲は洗浄され、防錆を施されてコンクリートの台座に鎮座した。砲手を守るための防盾はないが、スプリングや砲身を上下、左右に動かすハンドルなどはしっかり残っている。

説明板全文は次の通りだ。児童でも読めるように、漢字には全てふりがなが付いている。

◎九六式一五糎榴弾砲

この榴弾砲は、去る太平洋戦争の沖縄戦において、日本軍が使用した大砲で、平成16年12月、西原町幸地集落南西部の陣地壕跡から発見された。西原町は、この榴弾砲が原型を留めないほどにすさまじい日・米両軍の戦闘がくりひろげられた激戦地で、当時の住民の約47％の尊い命が犠牲になった。破壊された榴弾砲をこの地に展示することにより、戦争の悲惨さ、愚かさを認識するとともに戦争のもたらす恐ろしさ、悲しさを語り継いでいく手がかりとしてほしい。二度とあの忌まわしい戦争を起こしてはならないという誓いと、平和の尊さを実感し、更には平和教育の資料として役立つことを願い、終戦60年の節目にあたりこの榴弾砲を展示する。

平成17年8月15日　西原町

新垣町長は、説明板の下に次の琉歌を詠んで刻んだ。

戦《イクサ》　世も終て《ユンウワティ》
いつか六十年《イチカルクジュウニン》
今もこの《ナマンクヌ》　姿《シガタ》
ものを知らす《ムヌユシラス》

ところで、西原町長の新垣正祐が平和教育に活用したいと、町立図書館敷地内に展示した榴弾砲は、今はない。二期目の町長選で新垣が敗れたためである。現在は西原町中央公民館の裏手テニスコート跡の駐車場わきに移動されている。

二〇〇八年九月の町長選で新垣は再選を目指したが、対立候補の新人候補・上間明は政策のひとつに「町立図書館前の大砲を撤去」をあげた。激戦の末、上間が勝利し、大砲は撤去が決まった。再設置場所は、賛否両論あったが協議を重ねた末、町中央公民館の裏手を選んだ。移動は、上間町長就任からほぼ一年後の二〇〇九年一〇月二八日である。さらに二〇一二年九月九日、町長選挙が行われ、上間明は二期目も再選された。対立候補はなく、無投票当選だった。八月、町内に配布された上間明後援会ニュースによると、大砲の撤去は実績のひとつである。次のように書いてある。

◎大砲図書館から平和図書館へ
開館したばかりの町民待望の町立図書館前に幸地の建設現場から出土した旧日本軍の大砲を前町長が、多くの町民の反対を押し切って設置しました。（平成一七年九月七日）
図書館利用者から「大砲は人殺しの道具。図書館にはそぐわない」「砲身が来館する人たちに向いていて、気持ち悪い」等々の声が寄せられました。上間町長は、このような声に応えて、すぐに大砲を移設し、平和図書館に蘇りました。

野戦重砲兵第一連隊

展示がきっかけで大砲の身元が分かる。野戦重砲兵第一連隊[2]の兵士だった山梨清二郎（静岡県富士市在住）から町に連絡が入った。

山梨は一九四五年六月下旬、米軍の捕虜となり、翌年復員している。二〇〇四年八月から沖縄戦の回想録を書き始め、戦後六〇年の節目の二〇〇五年八月一〇日、東京の光陽出版社から出版した。タイトルは『沖縄戦　野戦重砲第一連隊　兵士の記録』[3]である。

この本には、幸地の陣地壕がいつ掘られたか、さらに戦闘（砲撃戦）の様子、この大砲が

注2　一九一八（大正七）年に創設され一九二二年、千葉県国府台に移転。一九三八年、最新鋭重榴弾砲・九六式一五糎榴弾砲に装備を改編。一九三九年のノモンハン事件に二個大隊を動員。太平洋戦争ではフィリピンに派遣されたほか、沖縄戦では野戦重砲兵第一連隊第二大隊を沖縄本島へ、第一大隊を宮古島へ配備した。

注3　山梨清二郎『沖縄戦　野戦重砲第一連隊　兵士の記録』（光陽出版社、二〇〇五年）

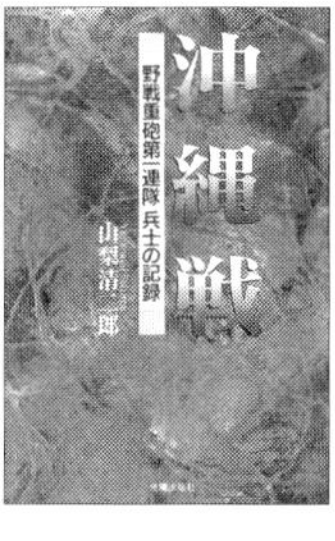

被弾した状況、撤退しながら最期は真壁（現糸満市）付近で部隊が壊滅するまでの様子がまとめられている。「沖縄戦とは何であったか」について山梨は、著書の冒頭で、明快かつ怒りを込めて述べている。

私が送り込まれた沖縄戦は、幾多の国民を犠牲にし、また劣悪なる武器をもって戦わせ、兵士を無駄に死に追いやった戦争であった。（『沖縄戦　野戦重砲第一連隊　兵士の記録』三㌻）

この戦争で、日本本土防衛のために、平和であった沖縄の多くの島民が殺された事実を忘れてはいけない。戦争末期に人数合わせのため、少年から老年の人までが防衛軍として狩り出され、日本兵とともに自決を強要され、スパイ行為をされるという理由で惨殺された。島の断崖に追い詰められ、逃げ場を失い、米軍の火炎放射機などで無差別に焼き殺された島民、飛び込み自殺を計った婦女子。これらの人々を忘れることはできない。（同五㌻）

西原町は二〇〇六年六月二日、山梨の来県にあわせて町立図書館で座談会を開いた。新垣町長はじめ町役場の担当者のほか、遺族会の与那城博司、玉那覇三郎、幸地在住の翁長正吉、与那嶺キヨら一二人が参加し、山梨の話を聞き、質問した。六月八日の「琉球新報」は座談会の様子を記事にしたほか、「広報にしはら」（二〇〇六年七月一日）でも紹介された。座談会でも山梨は「われわれは、愛国心を巧みに利用した無能な指導者によって戦わされ、戦友を無駄に失った。西原や沖縄の多くの人たちが犠牲になったことに対しても、申し訳なく思う」と繰り返し述べている。

山梨は一九二二（大正一一）年、東京の浅草生まれ。一九四三年三月、召集令状により千葉県松戸市市川国府台野戦重砲兵第一連隊に入隊。同年四月、部隊は満洲へ。さらに翌一九四四年六月に那覇市へ上陸した。部隊名は球四四〇一部隊。野戦重砲兵第一連隊には二個大隊あり、第一大隊は宮古島へ配備され、沖縄本島へは第二大隊が配備された。

山梨は第二大隊の四中隊二班の所属だった。第二大隊は第四から第六までの中隊（第一大隊に第一から第三までの中隊があった）と糧秣と弾薬を管理し、戦闘部隊の物資を運ぶ段列中隊から構成される。各中隊には火砲（ここでは九六式一五糎榴弾砲）四門が配備されるので、大隊では一二門となる。宮古島にも同数の火砲が配備されたわけだ。火砲一門には約二〇人が配置され、そのほか、牽引車、貨車（トラック）があった。一個中隊の人員は二〇〇人から二五〇人である。

砲兵トラクター

山梨の中隊は、天久（那覇市）で宿泊したあと、兼城（旧兼城村？）へ移動し、大砲を入れる壕掘りに従事する。大砲は、壕内に隠さなければならない。米軍の観測機に見つからないためである。兼城までの移動には貨車を使用した。また、大砲を牽引する砲兵トラクター（九八式六トン牽引車）(4)と呼ばれた車両もあった。山梨の著書には思い出しながら描いたという

注4　九六式一五糎榴弾砲を牽引するために開発された。従来の大砲は軍馬で牽引するのが主流。沖縄戦では野戦重砲兵第一連隊に配備され、四トン余の重砲を牽引したほか、負傷者の搬送も行った。第四中隊の牽引車は途中、燃料も切れず、破壊もされずに、真壁まで重砲を牽引している。

トラクターのイラストが載っている。

　兼城での宿舎は民家だった。山梨の宿舎は、八〇歳くらいのひとり暮らしのお婆さんの家だったが、方言しかしゃべらないので、よく言っていることが分からなかった。翌日から穴掘りに従事した。道具はスコップ（円匙）とツルハシ（十字鍬）のみの手掘り作業である。

　さらに山梨の第四中隊は志多伯（東風平村）が駐屯地になり、移動することになる。そこで各分宿の家も決まり、各分隊（一～四分隊）の壕の位置も決まる。掘りやすく、落盤の心配もなかった。用意した坑木で、兵舎を造ることになり、志多伯の住民の協力も得て、やがて兵舎が完成した。広さは六畳二間に炊事場もできた。トイレも三カ所を掘る。その間、怪我をした山梨は南風原にあった陸軍病院へ入院・治療している。「いつまでも入院していたかった」と山梨は語っている。

　いつ、南風原の陸軍病院へ行ったか。著書には日付がないが、「那覇に空襲があった」との文言があ

九八式六トン牽引車＝『沖縄戦　野戦重砲第一連隊　兵士の記録』より

大砲陣地の様子＝『沖縄戦　野戦重砲第一連隊　兵士の記録』より

り、短く空襲の様子を書いている。第三二軍直属の陸軍病院（球一八八〇三）は一九四四（昭和一九）年五月、動員令によって熊本陸軍病院で編成された。本部・内科・伝染病科を開南中学校に、外科を泉崎にあった済生会病院に置いた。「一〇・一〇空襲」で病院が焼かれ、衛生機材・薬品の多くを損失。そして南風原国民学校へ移動した。教室が病室であった。ベッドはなく、患者はムシロの上に寝かされたという。山梨が南風原の陸軍病院へ入院したころである。食事はうまかったが、足りないので、「お婆さんの小さな店に、タピオカ饅頭を買いにいく」こともあった。

野戦重砲兵第一連隊元兵士の体験記を読むのは初めてだが、この連隊の名前はよく知っていた。山梨ら第四中隊が掘った壕の跡も訪れたことがある。ただし、その時既に、造成工事が行われ、壕があったという丘は削られ跡も探せなかった。私は一九九七年に沖縄観光コンベンションビューローが実施した「ガイド養成講座」を受けて、同年八月発足した沖縄県観光ボランティアガイド友の会に参加した。

友の会では戦跡巡検などを毎年実施する。一九四五（昭和二〇）年五月に沖縄戦当時の県知事島田叡が那覇市真地にあった県庁・警察部壕（シッポージヌガマ）から南部へ脱出したが、二〇〇五年七月の戦跡巡検ではそのコースをたどった。さらに二〇〇六年八月には友の会主催の「ガイド養成講座」としても実施し、その時の参考文献は田村洋三『沖縄の島守　内務官僚かく戦えり』（中央公論社、二〇〇三年）で重宝した。田村の取材に協力したシッポージヌガマ近くに住む知念堅亀から詳しい地図をもらい、さらに県庁・警察部壕周辺も案内してもらった。この自然のガマ（洞窟、鍾乳洞）に手を入れて完成した県庁・警察部壕は今でも沖縄戦を追体験する平和学習の場として使われている。島田知事、荒井退造沖縄県警察部長がいたという場所も残っている。

三月二七日、壕内で警察練習所第八五期生の卒業式が挙行された。四月二七日には緊急南部市町村長会議を開催した。二九日付『沖縄新報』には「勝つぞこの意気」「弾雨を蹴って市町村長会議」の見出しが掲載されている。午前八時から始まった会議の冒頭では皇居遥拝で必勝を祈念した。最後は島田知事の音頭で天皇陛下万歳を斉唱して午後六時閉会した。さらに紙面には、知事訓話が掲載されている。見出しの「正義は必ず勝つ」が何とも空しい。

さて、知事一行が目指したのは、県庁・警察部壕から約一一キロ南の志多伯であった。なぜか。それは第三二軍司令部の南部撤退に伴うものだったのである。五月二二日、首里の司令部壕では八原博通高級参謀が陸海軍各兵団の参謀長らを招いて、意見を聞いている（第三二軍司令部の脱出は五月二七日）。そして、二三日、野戦重砲兵第一連隊の将校が、県庁・警察部壕を訪れ、志多伯の壕と県庁・警察部壕の交換を申し入れた。食糧ともどもの交換である。作戦上、陣地を前進させたい、との理由だ。島田は承諾し、長勇参謀長が指示した「与座岳以南での県民指導」に当ることにした。

知事一行は、二五日未明、真地を出発、上間、津嘉山、友寄を通過して志多伯にたどり着いた。しかし、壕の交換は反故にされた。軍命令で前進が中止になったから、という。そもそも、二三日の段階では、米軍は首里に迫っており、首里付近に部隊を前進させる作戦があったかどうか、疑問だ。

『沖縄の島守』によると、野戦重砲兵第一連隊の本部は沖縄戦開始当初は、首里の弁ケ岳に置かれていたが、戦況の悪化によって識名宮洞窟に後退、さらに志多伯の近くのティミグラ森の壕へ移動した。識名宮とは琉球八社のひとつ。お宮の後ろに洞窟がある。ここに連隊本部を置いたという。ここから真地の県庁壕までは数百メートルしかない。野戦重砲兵第一連隊は、ほかにも壕の交換をしている。識名宮の裏手にティラヌクシーヌガマ（寺の背後の洞窟の意味）と呼ばれるガマがあり、知念堅亀一家をはじめ、大勢の繁多川住民が避難していた。そこへ五月一日に、将校が来て、「小城（志多伯の隣）の壕と交換しよう。食糧ともども」と提案した。住民は同意した。部隊は、トラックを三台出してくれ、年寄りと子供は乗って、歩ける人は歩いた。壕の入口で待ち構えていた兵隊が乾パンを一袋ずつくれた。

　その一方で、強引に住民を壕から追い出した部隊もあった。県庁壕から近いところに新壕（ミー壕）と呼ばれ、真和志村の人々と那覇署が入っていた。五月一〇日ごろ、球部隊のある中隊から作戦上の必要を理由に壕を明け渡すよう要求があった。知事の命令がないと、移動できないと断った。すると翌朝未明、面相の悪い将校が軍刀をガチャつかせながら「真和志村長はどこだ。お前が真和志村長か、作戦の必要によりこの洞窟を軍が使用する。本日の午前中に移動しろ、わかったか、それとも軍に協力しないのかッ」と怒鳴った。玉城常和村長は、ふるえながら「承知しました」というほかはなかった。玉城村長は避難途中、負傷し、亡くなった。（『平和ネットワーク会報二三号・吉川由紀調査報告』）

　夜を徹して知事らがたどりついた壕は、第四中隊の壕（山梨らが掘った陣地壕）ではないか、と証言したのは高宮広衛（沖縄国際大学元学長）らである。

　県立第一中学校（藤野憲夫校長）は三月二七日夜、卒業式を養秀寮裏の空き地で挙行した。五年生は五七期生、繰り上げ卒業の四年生は五八期生としての合同卒業式である。来賓として出席した島田知事は、「敵前で挙行される本日の卒業式は、我が国の歴史に前例のない日本一の卒業式である」(5)と激励した。同校の三年生以上二二〇名が野戦重砲兵第一連隊を含む第五砲兵司令部（通称・球九七〇〇）に配属され、二年生も一一五人が電信三六連隊（通信隊）に動員された。

　志多伯の野戦重砲兵第一連隊に配属になった勤皇隊員（注・一中鉄血勤皇隊）は、医務室や炊事班にそれぞれ配属された。医務室では手術の際の雑役を受け持ち、（略）時には繁多川の連隊本部に伝令に出ることもあった。（『証言沖縄戦　沖縄一中　鉄血勤皇隊の記録(6)㊤』三二六ページ）

　そのうちの一人、仲地清雄は伝令の帰り、志多伯へ向かう途中、東風平村友寄の茅ぶきの民家で随員らと休んでいる島田知事に出会う。敬礼した仲地に、知事は答礼した後で「鉄血勤皇隊か。どこの中学か」と尋ねた。一中勤皇隊の状況を聞いて、「ご苦労さまです。しっかり働いてください」と仲地を激励した。（同三二四ページ）

　鉄血勤皇隊結成伝達の場に藤野校長に伴われ、一中生徒代表の一人として出席した武富良浩（五年）は次のように証言している。

　県下各中学校の校長と生徒代表が、一〇・一〇空襲で焼失をまぬがれた那覇市美栄橋町の県庁の一室にあつめられ、鉄血勤皇隊の結成を伝達された。赤いじゅうたんを敷きつめた大広間で、各校代表は県庁指導部と向かいあう形で学校別に一列縦隊にならんだ。（同三二ページ）

注5　三月二七日に卒業式を挙行した学校はほかにも県立首里高等女学校がある。軍要請で看護教育を受けた四年生は二七日、動員された第六二師団（石部隊）の野戦病院（ナゲーラ壕）の前で、卒業式を挙行した。一九九一年に『首里高女の乙女たち』（瑞泉同窓会編）が刊行された。

注6　兼城一編著『証言沖縄戦　沖縄一中　鉄血勤皇隊の記録㊤』（高文研、二〇〇〇年）

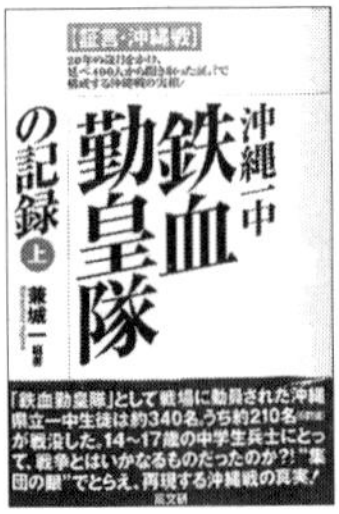

同じく代表の仲地清雄（五年）は島田知事の訓示を次のように記録している。

「鉄血勤皇隊は戦闘部隊ではない」「学生は学生としての本分を尽くすのが第一である」「空襲の際、学校職員とともに消火に当たったり、食糧増産にはげんだりすることが、鉄血勤皇隊の主な任務である」「戦争に勝つためには軍に協力しなければならぬ」（同三二ページ）

兼城一編著『沖縄一中 鉄血勤皇隊の記録㊦』（高文研、二〇〇五年）

島田知事は、一月三一日に米軍上陸必至の沖縄に赴任してきたばかりだった。訓示の中身は現実とはほど遠いものだった。仲地から戦場に投げ出された一中勤皇隊の状況を聞いて、何を考えたのだろうか。

知事一行は、志多伯から當銘、座波を経て報得川近くの秋風台、福地森、大城森の各壕を南下しながら転々と移動。さらに六月五日ごろには伊敷の轟壕へ避難した。島田は八日ごろ、県庁・警察警備隊の解散を命令した。一八七九（明治一二）年の沖縄県発足以来六七年にわたった県と警察部の歴史は幕を閉じた。島田知事はそのあと、第三二軍司令部のある摩文仁へ移動した。覚悟を決めて司令部壕に牛島司令官と長参謀長を訪ねた。そして、牛島司令官は言った。

自決するのは我々だけでよろしい。知事は行政官で、戦闘員ではないのだから、こ

こで死ぬ必要はありません。（『沖縄の島守』三九一ページ）

島田知事は、最期は自決したとみられている。享年四三歳だった。

幸地で砲撃戦

さて、山梨ら第四中隊は、志多伯から西原村幸地へ壕を掘りに行くことになった。志多伯の壕は、港川など南部海岸からの米軍上陸に備えて、東南方向にしか向いていない。そのため、首里北方の浦添、宜野湾に向けた壕が必要になったのだ。幸地の土壌は崩れやすく、壕の掘削には坑木が必要だった。トロッコも使った。昼間は若い女性や年寄りの男性ら五人ほどの住民が応援に来た。昼食は各自で芋を二個ほど持参していた。坑木は足りず、普天間街道の松並木を次々と切り倒した。完成した陣地壕へ大砲を移動するのは後日になるが、米軍が上陸する場所は、この時点では予想するだけである。

一九四五年四月一日、米軍は日本軍が予想していた南部の海岸ではなく、中部の北谷・読谷海岸へ上陸した。そのため志多伯にいた第四中隊は、幸地へ移動を命じられた。頭上を米軍の艦砲弾が飛ぶ中、大砲を牽引しながら、幸地へ移動した。

榴弾砲を撃つには、五人の兵士がいる。五人は番号を割り当てられる。一番は砲身を上下させ、距離を決める。二番は砲身を左右に振って方向を決める。三番が引き金を引く。引き金は、一メートルのひもを付けて引っ張る。発射の後、薬きょうを取り出す。さらに砲弾を込める。また信管を付けたり、装薬を詰める担当もいる。

装薬とは、一号から五号まであり、飛距離によって五包に分かれている。五包全部を使って撃つことを装薬一号と呼び、飛距離は最高一五キロである。幸地の陣地からだと嘉手納飛行場付近が着弾地点になる。また、三号装薬での飛距離は六キロの範囲で、幸地から普天飛行場の中央付近の距離に該当する。長距離の大砲を撃つには着弾地点の情報を求めるために観測所が必要だ。観測所から電話で、目的地の方向と高低を伝える。実戦では、電話配線が敵の猛烈な砲撃で断線することが多く、断線が分かると、電線を繋ぐために電信兵が壕を飛び出して行く。そのまま帰らない者もいた。観測所は大砲の目である。日本軍の人海戦術に対して、米軍は観測に軽飛行機[7]（トンボ）を使った。

幸地での砲撃戦は夜間射撃も行われたが、第三分隊に敵弾が飛び込み、二人が即死、三人が重傷を負う。山梨が初めて見た戦死者だった。また、左側にいた第四分隊は米グラマン機の爆弾攻撃を受け、壕を潰され、全員戦死した。

幸地での損害は、第四分隊が全滅し、砲も人員も健在なのは、第一、二分隊のみ。第三分隊の砲は被弾し、点検のため志多伯へ戻っている。

山梨の記述では、二〇〇四年一二月、九六式一五糎榴弾砲が発掘された幸地の日本軍陣地壕跡とは、第四分隊の壕の可能性が高い。大砲が陣地ごと埋もれたのだ。出て来た遺骨・遺品は第四分隊員のものであろう。

最終陣地・真壁

沖縄守備軍には第五砲兵司令部の元に野戦重砲兵第一連隊、同二三連隊、独立重砲第百

注7　日本軍の陣地などを上空から観測し、米軍の砲火を誘導した。トンボ、偵察機と呼んだが、米軍名称はグラスホッパー（バッタ）。負傷者、医療品の輸送にも使われた。

大隊、重砲兵第七連隊などの重砲部隊が配属された。第三二軍高級参謀だった八原博通はこれら砲兵部隊の活用で、「米軍の上陸企図を破摧（破砕）し得る見込みであった」と『沖縄決戦』で述べている。

わが軍は攻勢のため七サンチ半以上の大砲約四百門（内十五サンチ級以上約百二十門）を戦場に結集し得る。この強大な砲兵火力を、洞窟陣地内から、敵の狭小な橋頭堡に集中すれば、射撃密度より考察してもその効果は甚大である。

近代地上戦闘において真に攻撃力を発揮するのは、歩兵よりむしろ戦車と砲兵である。不幸にして、軍はわずかに軽戦車一連隊を有するに過ぎないが、幸い砲兵力は大である。私はこれに着目し、橋頭堡破摧射撃の一戦術を創案した。この着想に基づき、中央に具申して、さらに砲兵力の増強に勉めるとともに、これが統一運用の指揮機関の必要性を力説し、ついに第五砲兵司令部を、軍の隷下に獲得することに成功した。（同書、四七～四八ジペー）

八原高級参謀の「米軍上陸企図を破摧し得る見込み」はあくまでも見込みでしかなかった。守備軍四〇〇門の大砲は米軍の上陸どころか南下も防げなかった。

山梨の著書には所属した第二分隊（野戦重砲兵第一連隊）の移動経路図が載っている。幸地（第一陣地）から南下し、第二陣地、第三陣地、第四陣地と続く。南風原当たりで第五陣地、さらに志多伯で第六陣地となり、最終陣地は真壁（現糸満市真壁）となっている。

山梨の二分隊は残りの砲弾を全部撃つことになった。

もはや観測所の指示もない。地図を見ていると、折よく敗残兵が逃げてくる。それをつかまえて、敵がどのへんまで来ているかを聞きながら、どこがよいか、敵がいちばんいそうなところを目がけて撃つ。とはいえ、まったく頼りないはなしだ。

とにかく撃つことだ。

新井兵長の第一声、

「撃て！」

我々は、次々と撃った。弾が一発残ったが、薬莢がない。これで打ち終わりだ。

（『沖縄戦　野戦重砲第一連隊　兵士の記録』一一三〜一一四ページ）

砲弾を撃ち尽くした榴弾砲は、破壊される。新井兵長は分隊長である。山梨らに破壊を命じた。破壊といっても、使えなくするくらいだ。砲身に手榴弾を入れて爆発させ、キズをたくさん作る。閉鎖機、照準機をはずし、砲の主な部品を穴に埋める。最後に土をかぶせて終了、である。

『沖縄決戦』で、八原は、「敵の攻撃で大砲が破壊されるのが先か、砲弾がなくなるのが先か」で、次のように述べている。

従来の太平洋戦争の経験によれば、いずれの部隊も一会戦分の弾薬を使用する以前に、部隊そのものが全滅してしまった。少なくとも、使用兵器の方が先に、砲爆のた

めに破壊されたのである。（略）
軍でも、砲兵力の主体である十五サンチ榴弾砲が弾薬を射耗する前に、破壊されるか、否かを研究したことがある。沖縄のような広い島、そして堅固な築城に収容される砲兵は、長期に亘り生存し得るとの説が強かったが、また弾薬より先に砲の方がやられるという説も、かなり強かった。そして射ち残りの砲弾の使用法まで研究するありさまだった。（同一一六～一一七㌻）

沖縄戦からほぼ一年前のサイパン。一九四四（昭和一九）年六月一一日、米軍は空爆を開始、一三日から艦砲射撃を加え、一五日に上陸を開始した。九六式一五糎榴弾砲一二門を持つ黒木大隊は、空爆、艦砲射撃に耐え、一五日夕方には反撃を加え、上陸したばかりの米軍一個大隊を恐怖のどん底に落とし、「日本軍最大の戦果」と言われた。しかし、一六日、黒木大隊は米軍機の猛攻撃を受け、壊滅した。第四中隊は撃つ砲弾がなくなると、砲に石を詰めて発射し砲と共に全員自爆し運命を共にしたという。黒木大隊は満洲にいた野戦重砲兵第九連隊から選抜され、榴弾砲一二門、弾薬六二〇〇発を持ち、三月一八日サイパンに上陸した。三か月後わずか二日間の戦闘で壊滅した。（簑口一哲『玉砕の島々　太平洋戦争　戦後六〇年ルポルタージュ（8）』）

山梨の第四中隊に四門あった榴弾砲は、第二、第三分隊の二門が真壁まで無事であった。第二分隊が撃ち終った砲を破壊した後、第三分隊から「残った弾を全部撃つから余った弾があったら持ってくるように」との要請がきた。そして第三分隊も弾を撃ち終えた。

注8　簑口一哲『玉砕の島々　太平洋戦争　戦後六〇年ルポルタージュ』中西出版、二〇〇六年）

米軍司令官バックナーの戦死

真壁から北西に二キロ足らずの真栄里（当時高嶺村）の丘の上で、日本軍の放った砲弾が爆発、米第一〇軍司令官のバックナー陸軍中将が戦死した。『沖縄　日米最後の戦闘』[9]によると、バックナー中将は六月一八日の昼過ぎ、第八海兵連隊の前線観測所に立ち寄った。初めて戦闘に参加した第八海兵連隊の進撃状況を視察しているところだった。そして、午後一時一五分、日本軍の一発の砲弾が観測所の真上で炸裂し、吹き飛ばされた岩石の一つが、バックナー中将の胸にあたった。中将はその場にくずれるように倒れ、一〇分後には絶命した。

糸満市真栄里の村はずれにバックナーメモリアルと呼ばれる小さな丘がある。沖縄戦終了間際の六月一八日、日本軍の砲弾で戦死した米第一〇軍司令官のバックナー中将の慰霊碑が丘の上に立つ。周りには英語や日本語で書かれたいくつかの慰霊の碑がある。一番古いのは、一九七五（昭和五〇）年六月に建立された「米国第十軍司令官　シモンBバックナー中将戦死之跡」で、裏には「沖縄県戦没者慰霊奉賛会」とある。材料はニービヌ骨（微粒砂岩）。

英文による慰霊碑は米軍関係者によるもので、一九八五年の建立。「LIEUTNANT GENERAL SIMON BLIVAR BUCKNER JR

バックナー中将慰霊碑＝糸満市真壁

注9　米国陸軍省編、外間正四郎訳『沖縄　日米最後の戦闘』（光人社NF文庫、一九九七年）

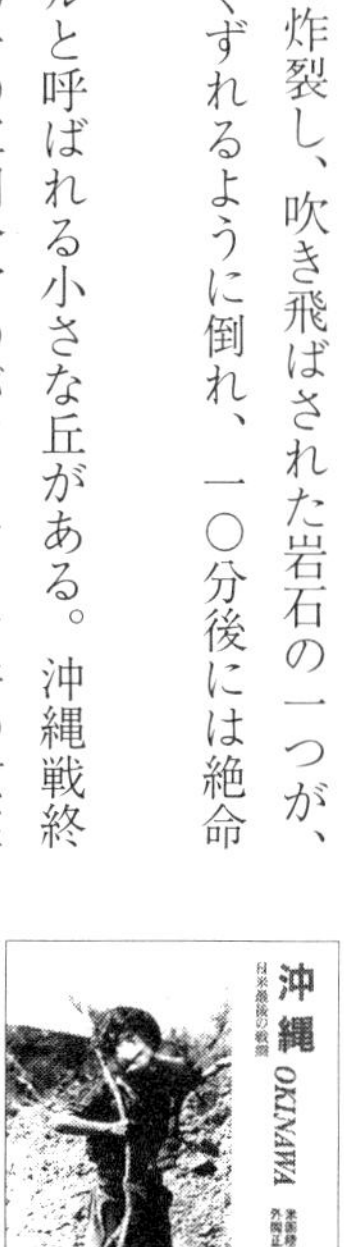

KILLED ON THIS SPOT 一八 JUN 一九四五 BATTLE OF OKINAWA」（サイモン・B・バックナー・ジュニア米陸軍中将が沖縄戦の一九四五年六月一八日ここで戦死す）と、銅板に刻んである。

バックナー戦死の翌一九日には米九六師団副師団長イーズリー准将がこの丘の東、与座岳の攻防戦で戦死した。丘の上には、イーズリー准将のほか米九六師団三八三連隊指揮官メイ大佐の追悼碑もある。バックナーはメイ大佐を第一〇軍最良の連隊指揮官であると高く評価、将官の資質を備えているとして昇進を推薦したばかりの六月五日、伊覇（現八重瀬町）で日本軍の銃弾に倒れた。二人の追悼碑は当初、別の場所に建てられた。その後、読谷村のトリイステーションへ移設され、さらに戦後五〇年を記念して現在地の糸満市に移築された。

バックナー中将慰霊碑の全景＝糸満市真栄里

米軍の歴史で陸軍中将の戦死は、第二次世界大戦で最高位階級での戦死という。バックナー戦死から四日後の二二日、摩文仁では牛島満第三二軍司令官、長勇参謀長らが自決する。[10] 牛島はバックナーより一歳年下の五七歳。バックナーは五八歳。共に陸軍中将。偶然だが二人とも七月生まれ。

一九八五年、東京在住の石原正一郎が「諸霊安らかに」の碑を建てた。十字架が立っているものと、横になっているのがある。いずれも英文でア

注10　牛島司令官、長参謀長の自決の様子は『沖縄決戦』（八原博通著、一九七二年）に詳しく描写されているが、二三日ではなく二二日とする研究家（大田昌秀）がいる。大田は、牛島司令官の実家でも命日は二二日と言う。

メリカ人、沖縄人、日本人の犠牲者を悼み、平和で安らかな眠りを祈っている。日米沖のボランティアが建立したともある。「S　ISHIHARA」（実物は筆記体）とサインした石原の戦争当時の所属は野戦重砲兵第一連隊の中隊長だった。碑を建立した日は、バックナーが戦死した六月一八日である。

真壁まで撤退した野戦重砲兵第一連隊の中隊は、山梨がいた中隊だけではなかった。山梨の中隊は、わずかに残った砲弾を撃ち尽くした後、大砲を処理し、新たな任務を与えられた。それは敵の一線を突破して、国頭方面に出て、ゲリラ活動をすることであった。武器はなく、自決用に手榴弾一個と、食糧はカンパン二袋、牛缶三個が支給された。

石原の中隊もほかの中隊と同じように真壁まで撤退していた。六月一八日、昼過ぎ、「真栄里の丘に米軍幹部の車が集まっている」との報告を受け、石原が双眼鏡で方角と距離を確認した。一四人の砲手が作業を進めた。残る砲弾は八発。すべて四キロ先の丘に向け発射した。丘はがれきの山となった。石原はその後、米軍に投降した。

石原の体験談は、在京の記者が取材し、二〇〇二年六月一八日付（偶然なのか、バックナーの命日である）の「琉球新報」紙面に掲載された。

これまでバックナーの戦死については、歩兵銃で狙撃されたとの証言もあった。しかし、米陸軍省の記録では、日本軍の砲弾が観測所の真上で炸裂、吹き飛ばされた岩がバックナーの胸を強打し、絶命した、とある。石原の証言と一致する。使用された九六式一五糎榴弾砲は米軍が保管していたが、石原は「戦友の遺品」として返還を要請。現在は靖国神社に展示されている。

一九八五年の慰霊碑建立については、「米軍人が戦友の墓参りをする場を作りたかった」

という。石原はドキュメンタリー作家の上原正稔の仲介で、バックナーの遺族との手紙のやりとりも行っている。体調を崩すまで四四年間も六月には沖縄を訪問、遺骨収集を行い、慰霊祭に出席した。「尊い命を奪われた人々の無念さを思うとやり切れない。沖縄に通い続けたのは、生き残った者として当然やらねばならないことだから」と話した。さらに「六月二三日は、国の慰霊の日にしなきゃいかん」と力を込めた。

旧真壁村は、沖縄戦の末期には日本軍、避難してくる住民の吹き溜まりになって死者が続出した。字真壁の戦没率は四一・二％である。

糸満市域での戦没者数は、５、３４８であるが、そのうち真壁村で戦没した人が最も多く、１、７９９人で、次いで高嶺村で１、２４３人、摩文仁村で９７５人、喜屋武村で６５３人、兼城村で５６３人、糸満町で１３４人となっている。その背景として考えられることは、八重瀬岳―与座岳―国吉・真栄里の丘陵ラインが日米両軍の最後の組織的戦闘であり、したがってその近辺の村落で戦没した人が最も多く、また沖縄戦の終局地となり、米軍による掃討作戦が展開された摩文仁村域で戦没者が多数出たことによる」（『糸満市史　資料編７　戦時資料　下巻』一一八ページ）

復興のため集落に戻った人たちが最初にやらねばならなかったのは、遺骨の収集だった。さらに、人口が激減したため、戦前のような村は維持できなくなり、隣村の喜屋武村、摩文仁村と合併（一九四六年四月四日）し、三和村となった。さらに一九六一年一〇月、三和村は兼城村、高嶺村とともに糸満町へ合併して復帰直前の一九七一年一二月、糸満市となっ

注11　『糸満市史　資料編七　戦時資料下巻　戦災記録・体験談』（糸満市、一九九八年）

た。真壁には三和村の名を残す三和中学校や三和郵便局がある。

「萬華之塔」

真壁集落の北側に「萬華之塔」がある。境内にはそのほかの慰霊の塔も数多く、自治会主催の慰霊祭は毎年六月二二日に実施されている。

現在の「萬華之塔」は二度建て替えられた。塔の前にあるブロックの壁には、塔建立の浄財として真壁区民らが出した五円、一〇円などの金額が刻まれている。この円は米軍占領初期の通貨だったB円（軍票）である。寄付者の名前は姓名ではなく、屋号だ。建て替えられた時は、ドルでの寄付金となっている。県外出身者の名前もある。米国が沖縄をドル通貨圏にしたのは一九五八年九月一六日からで、ドル時代は一九七二年五月一五日の日本復帰まで続いた。この時、建て替えられた塔の屋根には十字架が立っていた。米兵のいたずらから塔を守るため、と言われている。

「萬華之塔」（中央）と「砲兵山吹之塔」（左）＝糸満市真壁

「萬華之塔」の正面左側には、野戦重砲兵第一連隊の碑（砲兵山吹之塔）が隣り合って建立されている。塔の前に「諸霊よ安らかに「萬華之塔」　砲兵山吹之塔　由

砲兵山吹之搭＝糸満市真壁

来記」の碑がある。これは一九九二年五月一五日の沖縄復帰二〇年を記念して野戦重砲兵第一聯隊会が建立したもの。祭主は、バックナーを戦死させた石原正一郎で、文章もまとめられている。野外に建てられた碑で、この由来記のように詳しくまとめられたものをほかに知らない。

石原によると、砲兵山吹之塔の建立は、金城増太郎（元県立第一中学校教諭、元真壁村長・三和村長）、田島重男（糸満町議会議員）はじめ村民一同の好意で、無償で許可された。一九六六（昭和四一）年四月のことで、六月二二日には、建立除幕式と慰霊祭が行われている。この時の祭主は、明治天皇の孫・東久邇盛厚（野戦重砲兵第一聯隊会総裁）。一九三九（昭和一四）年のノモンハン事件に参戦した際の第一中隊長だった。以来、六月二二日を玉砕日とし、真壁区民建立の「萬華之塔」と砲兵山吹之塔協賛行事として、遺族戦友や真壁区民が参列し、金光教那覇教会長を祭主に二七年間、欠かすことなく挙行された。六月二二日は、東久邇の遺志という。当時は六月二二日が慰霊の日でもあった。

砲兵山吹之塔の碑面には明治天皇の御製（天皇が詠んだ和歌や詩文のこと）が彫られている。

「すえとほく　かかげさせてむ　國の為　生命すてし人の姿は」

蛇足ながら、昭和天皇の第一子は長女で照宮茂子。照宮一八歳の時、一〇歳年上の東久邇盛厚と結婚。昭和二〇年三月一〇日深夜、米爆撃機Ｂ二九による東京大空襲のさなかに茂子の陣痛がはじまり、防空壕から土蔵に退避して出産した。昭和天皇の初孫は東京大空襲の最中に生まれたのであった。盛厚は今上天皇（現在の天皇のこと）の義兄になる。

また、盛厚の父は、戦後すぐの首相となった東久邇稔彦。連合国への無条件降伏を受諾して、太平洋戦争を終結させた鈴木貫太郎首相は即日辞職し、後継首班に非常の措置として、皇族首相が誕生した。皇族の政治関与は天皇に累を及ぼす恐れがあると、明治以来タブーとされていたが、未曽有の国難に昭和天皇は、皇族に首相を託さざるを得なかった[12]。

砲兵山吹之塔の周囲は砲弾（一五糎榴弾）で飾られている。砲兵の慰霊塔だから仕方ないだろうが、「萬華之塔」の前面も砲弾で装飾されているのは、部外者ではあるが余計なことだと言わざるをえない。撤去すべきだろう。

注12　照宮茂子と東久邇盛厚、稔彦については河原敏明『天皇裕仁の昭和史』（文春文庫、一九八六年）参考。

沖縄一中鉄血勤皇隊

集落が建てた慰霊の塔には、難しい文言はあまり見当たらない。「萬華之塔」も同様だ。一万柱もの遺骨を収骨したというのは別の資料で知るだけである。しかし、独立重砲兵第百大隊（球一八八〇四部隊）、野戦重砲兵第四二連隊（山三四八〇部隊）の慰霊碑は部隊の生い立ちから沖縄に派遣され、勇ましく奮戦し、散華したことを碑文に綴っている。野戦重砲兵第一連隊の碑文は石原がまとめた「由来記」だが、勇ましい文言はなく、経過をまとめているだけである。

山吹之塔の正面左側に、戦没者名を刻んだ銘板が建てられている。石原の配慮なのか、戦没者の出身地は南から刻銘されており、トップは沖縄県。しかも、鉄血勤皇隊沖縄県立第一中学校出身者がまとめられている。具志堅正雄、仲西昌恒、山田安孝、赤嶺新昌、翁長永秀、新城次郎、城間隆、瀬底正義、照屋正幸、比嘉義雄の一〇人。同連隊には二五人が入隊した。具志堅から山田までが四年生。赤嶺以下は三年生であった。

三月二九日（晴）

養秀寮庭に整列した鉄血勤皇隊員（五年、四年、三年生の約二二〇名）は、二等兵の襟章のついた軍服上下と軍帽、帯革、軍靴、飯盒、毛布などを支給された。生徒とともに鉄血勤皇隊に入隊した職員も、篠原保司配属将校の指揮下にはいった。また球九七〇〇部隊（注・第五砲兵司令部）から九名の教導班員が派遣されてきた。（『沖縄一中　鉄血勤皇隊の記録㊤』六五ジペー）

入隊した職員は藤野憲夫校長以下、野崎真宣教頭、新垣太郎教諭ら一五名。一中職員は軍属扱いになり、藤野校長は佐官待遇、野崎教頭は尉官待遇になった。

当時、一中の四年生だった城間期一は五月一四日、独立工兵第六六大隊(13)に配属され、戦時記録で次のように証言している。

陸軍二等兵を命じられ、星ひとつの軍服が支給されたが、何しろ一六歳から一八歳までの少年兵のことだから軍服はダブダブである。体に服を合わせるのではなく、服に体を合わせろと言われたものである。

編成が終わってから、全員に「封筒と用紙が支給され遺書を書け」ということになった。（『西原町史　第三巻資料編二　西原の戦時記録』三二四ジペー）

注13　鉄血勤皇隊員の城間期一によると、同大隊高級副官の永瀬少佐は、体格のがっちりした典型的な軍人タイプ。鉄血勤皇隊員を一般兵ではなく、学校から託された大事な預かりものといった感じで接していた、と語っている。

第五砲兵司令部から派遣された教導班員というのは、生徒が一人前の兵士になるためのいわば教師役で、下士官、上等兵らが担ったが、城間の証言では、ひどい指導者であった。

この助教たちの大方は、まったくもってひどいものであった。指導というよりは、私たちを殴るために派遣されたのではないかと思うほど殴ることだけに専念していたようであった」(略)

あまりのくやしさに、その晩は、悶悶として寝られず「よーし、あの野郎。戦闘になったら、後ろから手榴弾で殺してやる」と心の中でつぶやいたのである。このようなことは二度や三度ではなく、また私一人でもなかった。(同三二四〜三二五ジペー)

五月二七日、第三二軍司令部は首里城地下の洞窟を脱出し、摩文仁に後退した。守備軍第一線主力も南部に後退する。志多伯にいた野戦重砲兵第一連隊も六月三日から真壁村(当時)に撤退する。

仲地清雄は当時の真壁の様子を次のように語っている。

真壁に着いて中隊受け入れの作業が終わってから、元一中教諭の金城増太郎先生が真壁村の村長をしていることを思い出し、安里安盛ら二、三人の隊員をさそって先生の家をたずねた。増太郎先生はあいにく役場に出かけて不在だったが、縁側で奥さんから黒砂糖のもてなしを受けた。真壁の集落はまだ砲撃をうけていなくて平穏な空気がただよっていた。(『沖縄一中鉄血勤皇隊の記録㊦』二一〜二二ジペー)

間もなく地獄の戦場となる真壁村一帯は六月上旬までは、平穏な農村のたたずまいを見せていた。

伊波永晃は、野戦重砲兵第一連隊の鉄血勤皇隊隊員で最初の戦死者について証言している。

新城次郎がアメーバー赤痢にかかり、脱水状態になった。衰弱して骨と皮になってしまった彼は、死を覚悟しているかのように「僕はもう駄目だよ」といっていた。ある晩、力つきたかのように、ベッド代わりにならべてあったそーめん箱からころがり落ちて死亡した。(同二八ジペー)

新城は壕の裏手のキビ畑に葬られた。三年生だから、満一五歳か一六歳である。連隊壕は真壁国民学校(14)の近くにあった。三三回忌に、遺族とともに遺骨を掘り出そうとしたが、見つからなかった。付近住民の話で、この一帯から見つかった遺骨は「萬華之塔」に納骨されたことを知る。

艦砲穴に埋葬

死体の埋葬は艦砲でできた穴も利用した。安里安盛は、次のように証言した。

注14　真壁村唯一の国民学校。集落の西はずれにあった。現在の真壁小学校は、戦後間もなく名城に開校した南部初等学校が三和初等学校と改称され、現在地に移転したもの。

水汲みに行ってやられた兵隊三名を葬った。直径およそ一〇メートルの艦砲穴に三名をならべて土をかけ、乾麺包を五、六粒そえてやった。死体を葬る大きな弾痕は、墓場というよりも死体の捨て場だった。（同二九〜三〇ページ）

実は、藤野憲夫県立第一中学校校長も艦砲でできた穴に葬られた。藤野校長ら鉄血勤皇隊本部も五月一六日、一中壕を出発、南部へ撤退した。そして、六月一五日、藤野を摩文仁岳の第五砲兵司令部に案内するため同行した大城勲の証言によると、伊原から米須を過ぎ、海の見える道に来たとき、哨戒艇から機関砲攻撃を受けた。迫撃砲も炸裂、藤野は太腿、左肩に重傷を負う。大城は藤野を背負い、伊原の第一外科壕へ運び込んだ。同壕には五月下旬、南風原の沖縄陸軍病院を撤退した第一外科勤務の軍医、衛生兵、ひめゆり学徒らがいた。手術器具もなく応急処置が精いっぱい。比嘉堅正軍医中尉（第一外科診療主任）が、「永くもつまい」と診たてた通り、学徒隊員が看護する中、翌一六日、息を引き取った。

藤野校長は「じきに友軍が来るぞ。さあもう少しだ。皆元気でがんばろう」（西平英夫『ひめゆりの塔　学徒隊長の手記　新装版』[15]一一〇ページ）と口走りながら息を引き取った、ともいわれている。

埋葬に当たって、遺体の着替えをした。校長の体は三カ月の戦場暮らしで骨と皮ばかりの痛々しい姿になっていた。壕の入り口近くの弾痕に校長を埋葬した。

埋葬した弾痕は、深さは一メートルほどもあった。付近の畑の脇に積んであった小

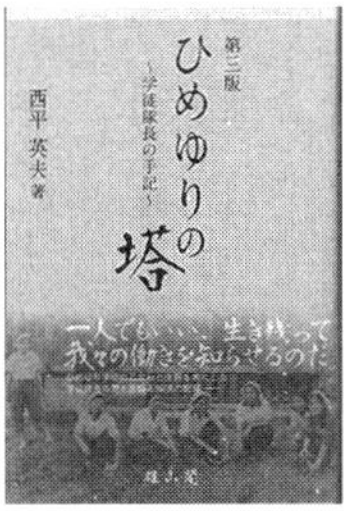

注15　西平英夫『ひめゆりの塔　学徒隊長の手記　新装版』（雄山閣、二〇一五年）

石で遺体をかこみ、土で丁寧におおった。墓標も目印もない簡単な埋葬だったが、弾雨のなかの埋葬としては精いっぱいのやり方だった。(『沖縄一中鉄血勤皇隊の記録㊦』一一二ジペー)

一九五〇年、一中健児の塔が建立されたとき、藤野の遺骨も伊原の埋葬地から収骨され、健児の塔後方に設けられた納骨所に安置された。

なお、軍隊内部の風紀の乱れを苦々しく思う次のような生徒たちの証言もある。

野重一連隊の壕には、高級将校のつれている辻遊郭の女がいた。その女は高級将校を「うちの旦那」と呼び、ウチナーやまと口(方言まじりの共通語)でその「旦那」としゃべっていた。二人のやりとりをまわりの者はだまって聞いていたが、苦々しく思っていたにちがいない。(同三四ジペー)

衛生兵の手伝いをしていた城田という娘が若い軍曹と人目もはばからずにふざけ合い、寝場所もおなじところだったので、周囲のひんしゅくを買っていた。われわれの目には、日本の軍隊とはいい加減なところだ、と映った。(同三四ジペー)

真壁の壕のいちばん奥に南風原出身の防衛隊員が数十名いた。国民学校の教員をしていたという班長は、かげひなたのない真面目な人だったが、言葉にひどい訛りがあっ

たので、兵隊たちは班長をあなどり防衛隊員をこき使っていた。（同二九ページ）

山梨の中隊が国頭へ突破を図ったように、そのほかの隊も時を同じくして真壁を脱出する。これを斬り込みと称した。六月一九日夜、鉄血勤皇隊は四つのグループに分かれて、野戦重砲兵第一連隊の壕を順次脱出した。この日、近くの伊原第三外科壕は米軍の攻撃を受け、ひめゆり学徒隊三五人、教師五人を含む軍医、看護婦、衛生兵ら一〇〇人近くが悲惨な死を遂げた。

八九式一五糎加農砲

私がこの論考をまとめるきっかけになったのは、西原町で起きた九六式一五糎榴弾砲の展示騒動である。沖縄戦の初戦で米軍機の攻撃を受けて陣地ごと埋没した榴弾砲が発掘され、やがて平和の教材として図書館前に設置されたものの町民の反対で展示場所を変えた。図書館と大砲では、確かにイメージが合わない。県内ではほかにも発掘された大砲が展示されている場所がある。旧大里村農村改善センターだ。正面左手にあるのは八九式十五糎加農砲と呼ばれる大砲で、沖縄守備に派遣された独立重砲兵第百大隊（球一八八〇四部隊）に配備されていた。

沖縄に配備された主力重砲の口径は、八九式一五糎加農砲、九六式一五糎榴弾砲いずれも一五糎だが、加農砲と榴弾砲は、最大射程距離、砲身長、重量などで大きく異なっている。九六式榴弾砲が、砲身長三・五三メートルに対し、八九式加農砲は五・九六メートル。最大射程距

平和教育で活用へ

150ミリ大砲
きょう移動
遺骨は見つからず

大里村高平の平川壕で始まった厚生労働省の本年度の沖縄戦没者遺骨収集作業は、初日の六日は昨年二月の作業で見つかった日本軍の大砲周辺の探索と、新たに見つかった壕南側入り口の掘削を進めたが、遺骨は発見されなかった。

昨年埋め戻されていた一五〇ミリ大砲は、この日の作業で完全な姿を現した。周辺で不発弾も見つかるなど当時の激しい戦闘をうかがわせた。

大砲は七日中にクレーンを使って引き揚げられ、平和教育に活用するため大里村が引き取る。

土中から全体の姿が現れた150ミリ大砲＝6日午後4時ごろ、大里村高平

遺骨収集作業中に見つかった八九式一五糎加農砲＝2003年2月6日、大里村（現南城市）高平

離は榴弾砲が一一・九キロに対し、加農砲は一八・二キロ。重量も榴弾砲が四・一トンに対し、加農砲は一〇・四トンもある。遠くに弾を飛ばすので、砲身が長くなり、重量もより重くなる。軍馬が倒れると分解して、兵士が運ぶこともできた山砲に比べると、圧倒的な重量感がある。八九式一五糎加農砲も牽引車で移動した。

大里の農村改善センターで展示されている八九式一五糎加農砲は、大里村高平の平川壕の遺骨収集作業中に見つかった。壕では、おびただしい遺骨が数回にわたる作業で収骨された。加農砲は、二〇〇二（平成一四）年の作業で見つかったが、その年は、埋め戻され、翌年二月七日、再び掘り出された。大砲は、大里村が引き取って、平和教育の一環として村内に展示する意向を示し、二〇〇三年一二月、発掘現場に近い大里村農村改善センターに設置された。[16]

大里村教育委員会の説明板は以下の通りである。

注16　この大砲は大里村農村改善センターから南城市糸数の糸数アブチラガマの案内所内に二〇一六年三月、移転設置された。側には旧佐敷町内で発見された旧日本海軍の魚雷も展示されている。平和学習の場に大砲が必要か、反対の声も多い。

◎八九式一五糎加農砲

昭和四年に旧日本軍によって制式化された大砲で開脚式装輪砲架を持ち、遠距離でも命中精度にすぐれていた。砲身車、砲架車をそれぞれ牽引車で牽引して移動し、陣地で組み立てて使用したが、準備に一時間かかったそうである。大里村内には昭和二〇年三月に日本軍陸軍独立重砲兵第百大隊が布陣した際に二門が配置された。しかし、沖縄戦においては、米軍とのあまりにも大きな物量の差により、その効果は乏しく、一発撃つと何十、何百という反撃を受けたといわれている。(平成一五年一二月　大里村教育委員会)

大里村農村改善センターから糸数アブチラガマ近くに移動された大砲＝南城市糸数

西原町幸地で発掘された九六式一五糎榴弾砲は、同じく平和教育の一環として展示されたが、町立図書館前ということから反発を受け、町民の目の届かない場所に移転された。ならば大里村農村改善センターに展示された大砲は、利用者の目にどう映るのだろうか。

野戦重砲兵第一連隊と榴弾砲について、調べていると、『独立重砲兵第百大隊(球一八八〇四部隊)の沖縄戦』があることを知った。西原町の「戦跡講座」の講師・玉那覇三郎も編集グループの一人で、西原町立図書館へ同書を寄贈していた。

玉那覇の父・次郎は、西原村小波津で農業に従事していた。家庭を持ち、平和に暮らしていたが、沖縄戦で防衛隊員として、独立重砲兵第百大隊に召集された。そして四月二二日ごろ、大里村平川の陣地壕の落盤で戦死（三三歳）した。沖縄戦で家族五人のうち三人が戦没、母と二人のみになった。

三〇代になった玉那覇は、「父はまだ土の中に埋まり、光を見ていないんだ」と思うようになる。そして平川壕の発掘のため、関係者を訪ね歩き、ほかの遺族と話し合い、資料を作成したほか、壕を所有する地主との交渉を行う。一九八一（昭和五六）年一二月には、森下元晴厚生大臣あて、平川壕の発掘による遺骨収集を要請した。

玉那覇ら遺族の努力は報われ、二年後の一九八三年二月一五日から一七日にかけて戦没者遺骨収集が行われた。三八年間の歳月で地形も変化していて、証言者の食い違いなど作業は難航したが、壕入口を発見してからは順調に進み、一六日に一七柱、一七日に五三柱を収集した。収集した七〇柱もの遺骨は、予測された数であったという。「三八年ぶりに暗闇の中から父たちに光を見せることが実現し、責任を果たすことができた」と書き記している。

遺骨のほかに、加農砲の砲弾五六発、薬莢七三発が出てきた。さらに陣地壕掘りに使用した鍬、スコップ、食器や万年筆二本（一本は名前入り）など多くの遺品が収集された。

平川壕の規模は予想以上に大きく、遺骨がまだ残っているとの証言もあり、二〇〇二年二月、厚生省によって収骨作業が行われ、一一柱が収骨された。埋没していた八九式一五糎加農砲と砲弾一三〇発を、この時に見つけたが、時間がなくて埋め戻し、翌年度の遺骨収集で掘り出された。

サイパン逆上陸部隊

一九四四(昭和一九)年六月一五日、サイパンに米軍が上陸し、住民を巻き込んだ日米の戦闘が展開された。疎開が間に合わず、大勢の民間人が戦場に放り出された状況は、ほぼ一年後の沖縄で再現される。このためサイパン戦は「もうひとつの沖縄戦」とも表現される。在留邦人二万人のうち、八千人から一万人が犠牲になった。また沖縄県出身者も多く、犠牲者は六千人に上る。

米軍の圧倒的な物量の前に、陸海軍の守備軍は壊滅する。日本軍最後の総攻撃は七月七日だった。総攻撃に先立ち、南雲忠一海軍中将は全将兵に対し、「玉砕」を命じた後、第四三師団長・斉藤善次らとともに自決した。東条英機首相は七日、南雲中将の打ったサイパン「玉砕」電文を受け取った。七月一八日、東条内閣は総辞職し、二二日に小磯国昭陸軍大将を首班とする小磯・米内連立内閣が誕生した。

米軍上陸後、陸軍は兵力投入によるサイパン奪回作戦を立てた。しかし、制空権を失った中での長距離輸送は困難として、六月二四日に奪回不可能であることを天皇に上奏、大本営はサイパン島放棄を決定した。

沖縄に派遣された独立重砲兵第百大隊は、陸軍がサイパンを奪回する目的で編成された部隊である。サイパン島に逆上陸するため、同大隊はサイパン出発までの船待ちを横須賀重砲兵連隊の兵営に仮宿して待機したという。作戦中止の後、同大隊は、六月二六日に兵力増強中の沖縄守備軍・第三二軍に配属され、九州門司に移動した。七月四日、輸送船白根丸に乗船し、満州から沖縄へ移動する第九師団と船団を組み、鹿児島を経て七月一二日那覇港に上陸した。主力は那覇の真和志国民学校に仮泊した。ここで正式に「独立重砲兵第百大隊（球第一八八〇四部隊）」と命名された。

同大隊が船で那覇へ向かっていた七月七日、サイパンの玉砕を受けて、政府は沖縄の老幼婦女子を県外へ疎開させる方針を閣議決定し、同日深夜、沖縄県庁へ「沖縄島、宮古島、石垣島から老幼婦女子を直ちに県外へ引き揚げさせよ」と打電した。大本営陸軍内部では、「サイパンが短期間で陥落したのは島民の存在が軍の活動を妨害したから」との認識があった。サイパン奪回を断念した六月二四日ごろから、米軍の沖縄上陸は避けられないとして秘密裏に南西諸島の住民引き揚げ問題を検討していた。

第三二軍（一九四四年三月二二日新設）の参謀総長に就任する長勇少将は、サイパン奪回軍参謀長に就任する予定で、中国東北部にあった関東軍参謀部付から東京に呼び戻されていた。そして、七月一日特命で沖縄に派遣されたが、目的は今後予想される沖縄作戦に備え、兵備や非戦闘員の疎開を研究することだったという。

学童疎開

太平洋戦争開戦前の一九四一年四月、政府は小学校を国民学校に改称した。沖縄からの疎開は一般疎開のほか、学童を対象にした学童疎開が国策として奨励された。学童疎開は、教師が引率し、夫婦教員の場合は妻が寮母になった。子どもらは修学旅行気分で参加を希望した者が多い。受け入れ先は宮崎県、熊本県、大分県で、第一陣一二九人が八月一六日に到着したのを皮切りに、九月二〇日までに六五六五人が三県に分散配置された。

対馬丸の悲劇は八月二二日に起きた。学童ら一七八八人が乗船し、僚船・和浦丸、暁空丸とともに九州へ向かった対馬丸は、その日の夜、追尾していた米潜水艦ボーフィン号の放った魚雷で沈没し、一四一八人が亡くなった。学童だけでも七七五人が犠牲になった日本教育史上最大の遭難事件である。米軍は、潜水艦による「群狼作戦（ウルフパック）」を展開していたが、これはすべての日本艦船を撃沈対象にするという国際法違反の作戦だった。

和浦丸に乗船し難を逃れた真壁国民学校の二一人の学童は、仲村渠清和に引率されて熊本へ疎開した。仲村渠は当時三五歳の教頭だった。若い教師に断られ、引率を引き受け、兼城国民学校の学童一〇人も預かった。妻の音子は子ども四人を連れ、寮母として参加した。学童疎開を表現する言葉は「やーさん（ひもじい）」「ひーさん（寒い）」「しからーさん（寂しい）」である。二年余にわたり、異郷での疎開生活に耐え沖縄へ帰還したのが一九四六年一〇月。仲村渠は、引率した三一人を無事全員帰還させたが、戦後、熊本県の教員として残り、小中学校の校長を勤めたほか、熊本沖縄県人会の会長として両県の交流に尽力した。

帰還した学童の中には一家全滅もいた。仲村渠が戦後一九五一年に作成した「すみだや班帰還後動静表」では、「金城徳助　一家戦死　親戚と生活し農業に従事」、「上原清栄　父母・祖母戦死　コザで軍作業」、「金城勝男　兄のみ健在、ほかは戦死　農林高校三年生」、「大城堅助　一家戦死　叔父と生活」、「大城百合子・達一姉弟　父母戦死　叔父と生活」とある。「すみだや」とは仲村渠らの宿舎となった熊本県日奈久の温泉旅館「墨田屋」のことだ。

銃の代りにショベル

さて、独立重砲兵第百大隊に話を戻す。

防衛庁戦史室『戦史叢書』によると、同大隊は、大隊本部、二個中隊、大隊段列で編成され、総員四四九人、装備火砲は、八九式一五糎加農砲八門。大隊本部は人員一〇五名。拳銃一四挺、自動貨車一両。第一、第二中隊とも人員は一五八名、加農砲四門、重機関銃一挺、小銃二〇挺、拳銃二挺、九二式八トン牽引車八両、自動貨車二両。砲弾や薬莢を準備する大隊段列の人員は七八名、小銃一四挺、拳銃二挺、自動貨車五両、三トン被牽引車五両。

同大隊は、津嘉山付近に大隊本部と大隊段列を置き、米軍の上陸地点と予想される沖縄本島西海岸が射撃できるよう嘉数（宜野湾村）、棚原（西原村）、長堂（豊見城村）の三カ所に二門あて、分散して火砲陣地を選定し、陣地構築に取り掛かった。さらに、第二中隊から一個小隊（火砲二門）を国頭支隊（隊長・宇土武彦大佐）へ派遣した（『独立重砲兵第百大隊（球一八八〇四部隊）の沖縄戦』[17]三八〜三九ページ）

沖縄に派遣される前の同大隊は総員四四九人と記録されているが、糸満市真壁の「萬華之塔」敷地内にある同大隊の鎮魂碑では、戦没者は七三四人。うち三六九人が県出身者と見られる。沖縄では、大勢の県民が補充兵または防衛隊員として、同大隊に動員されたのである。西原町「戦跡講座」の講師・玉那覇三郎の父・次郎もその一人だった。

元砲兵隊員の新垣清光（当時二二歳）は、次のように語っている。

入隊当初は真和志国民学校で一週間、早走行進をはじめ、匍匐前進、突撃訓練（竹

注17　『独立重砲兵第百大隊（球一八八〇四部隊）の沖縄戦』（独重百大隊の沖縄戦編集グループ、二〇〇三年）

槍）が行われた。砲兵隊は小銃がないのでショベルを銃代りに持ち、背のうを背負って訓練した。その特訓が済むと、次は長堂の軍基地に隠蔽壕をつくった。その作業には真和志校で宿泊し、そこから通勤した。（『独立重砲兵第百大隊（球一八八〇四部隊）の沖縄戦』一一八ページ）

『西原町史　第三巻資料編二　西原の戦時記録』には、大隊に動員された元防衛隊員の証言がある。

幸地在住で当時四〇歳だった与那嶺正一は、一〇月ごろ、防衛召集され、真和志国民学校に二、三カ月いて、各地から召集されてきた隊員たちと班を組み、兵隊の指揮で壕掘りや野菜作りなどをした。学校が焼けてから大里村当間・仲程の重砲陣地へ移動した。壕は若い兵隊が掘り、防衛隊員は土運びなどをさせられた。牽引車が爆撃でだめになった後は、重砲を二〇～三〇人で縄で引っ張り、移動した。さらに兵隊に引率され、南風原村津嘉山や豊見城村金良・長堂から弁ケ岳まで砲弾を運んだ。この作業が何よりもきつかったという。

　食事は、少なかったので、それも辛かったですね。兵隊は飯盒に飯を入れますが、防衛隊は、小さい茶碗の一ぱいくらいずつ貰います。一日三度ありはしましたが、汁はないんです。芋の葉や菜っぱをおかずにしました。（『西原町史　第三巻資料編二　西原の戦時記録』一七六ページ）

与那嶺は当間・仲程の重砲隊陣地で休憩中に飛んできた破片が右大腿部を直撃して、負傷した。治療はできなかった。そして「当間・仲程を重砲隊は引き揚げる時に、私は負傷していますので、捨てられてしまいました。負傷して何もならないものは捨ててしまうのです」（同一七七ページ）。沖縄戦では野戦病院が撤退する際には、身動きできない重症患者は毒を与えられたほか、自決を強要された。軍隊は住民を守らないどころか、当の兵隊さえも守らない。

与那嶺は、はって進み、杖にすがり、新垣で奇跡的に妻子に会う。妻は三一歳、八カ月の身重だった。子どもは男（小学六年）と女（同三年）の二人。六一歳だった母親は既に死亡していた。与那嶺はその後、弟に介護されるため妻子と別れたが、その後妻子がいたところに直撃弾が落ち、全員死亡した、と聞かされた。戦後になって妻子の遺骨を収集した時、八カ月になる胎内にいた子供の骨もそこにあった。

第三二軍が県民を動員し、北谷村屋良（当時）に造った中飛行場、読谷村に造った北飛行場は、米軍上陸後間もなく占拠された。米軍の使用を妨害するため同大隊は、西原村棚原の東北約一キロの千原に陣地を構築し、一五糎加農砲二門で、四月六日から砲撃を開始した。敵の砲撃から隠蔽するために砲撃は夜間だった。しかし、一二日には加農砲一門が破壊された。一七日になって敵の砲爆撃はより熾烈になり、戦死者が続出。残る一門を幸地に移動し、北、中飛行場の砲撃を継続したが、月末までに敵の砲爆撃で破壊された。

同大隊に配属された県立第一中学校鉄血勤皇隊の運天政和は次のように証言している。

主な任務は、東風平村志多伯と大里村稲嶺にいる砲兵隊への伝令であった。重砲陣地との有線電話が切断されるので兵隊と一緒に重砲陣地に観測結果を伝えに行くことであった。

観測班は高台の頂上にすえつけた測定機で敵陣地に撃ちこんだ弾着の状況を観測し、その結果を伝令が後方の重砲陣地に伝えに行った。伝令は必ず二人一組だった。一人がやられても、もう一人が確実に命令を伝達できるように組み合わせてあり、伝令に出る時は必ず三米の間隔を置いて歩かねばならなかった。二人いっぺんにやられないためであった。（『独立重砲兵第百大隊（球一八八〇四部隊）の沖縄戦』一二六ページ）

運天ら一中鉄血勤皇隊が独立重砲兵第百大隊に配属されたのは五月一五日だった。同日未明、隊員たち（五年生、四年生、三年生合わせて約四〇名）は部隊の所在地・豊見城村長堂向け、完全武装で一中壕を後にした。コースは一中壕～首里崎山～ナゲーラ～兼城十字路～喜屋武～津嘉山～長堂であった。魔の十字路と恐れられた兼城十字路では集中砲火を浴びたが、幸いに死傷者を出さずに通過した。

長堂に到着すると大隊長の訓示ののち、ただちに中隊別に配置された。運天は第二中隊の観測班に入れられた。福森大尉が中隊長で、山田上等兵が班長だった。

司令部の南部撤退を援護

大里村の平川陣地壕で発掘された加農砲が激しい砲爆撃を受けて壕・兵士もろとも埋没したのは、五月二六日ごろである。首里城の地下洞窟から第三二軍司令部が脱出して摩文仁岳に後退するのが二七日から三〇日にかけて。第一線部隊も敵の攻撃を受けつつ、南部へ後退した。第五砲兵司令部も二七日、摩文仁に向け出発した。援護したのが同大隊。大里村平川・仲間地区に布陣した加農砲四門で、繰り返し砲撃を続け、撤退作戦を援護した。埋没したのは二門。虎の子の大砲である。捨てられず、米軍の砲爆撃の下、死傷者を続出させながらも夜間作業を継続して、六月七日ごろ、やっと一門を掘り出した。残る一門は放置せざるをえなかった。部隊は砲を引っ張って、与座へ移動した。隠す壕陣地はなく、道路から北に向けて十数発発射し、敵の進出を阻止した。

　第三二軍の各砲兵隊は最後の陣地となる真壁に集結することになった。そのころ、米軍は港川に軍需品の陸揚げを始めていた。最後の軍命令は港川の敵揚陸の妨害射撃だった。六月一五日ごろ、与座から移動途中、梅雨で緩んだ弾痕に車軸が落ち込み、脱出できなくなった。先に真壁にいた野戦重砲兵第一連隊の牽引車の応援を得たが、不可能であった。火砲をなくした同大隊将兵は、組織を解き、手持ちの兵器を持って切り込み攻撃に入った。一九日、河村秀人大隊長（中佐）は被弾重傷を負い、二〇日に自決した。福森啓吉中隊長（大尉）は抜刀し、部下と一緒に来襲する敵に突入し、戦死した。

鎮魂碑を建立

　一九九三（平成五）年七月六日、真壁の「萬華之塔」敷地内に建立された独立重砲兵第百大隊の鎮魂碑の除幕式と慰霊祭が行われた。県内外から遺族約三〇人が参加した。鎮魂碑は、全国重砲会、重砲校友会、第百大隊遺族会の三者が建立した。高さ一・二メートル、幅一・

四《メートル》の黒御影石を利用し、裏には、県出身者三六九人を含む七三四人の氏名が刻まれている。戦没した県出身者は実に四二・二二《パーセント》に上る。

近くに建立された野戦重砲兵第一連隊の戦没者碑は県別に氏名が刻銘されているが、第百大隊は名前のみである。鎮魂碑の正面は、第百大隊の動員命令から壊滅までを記録している。「六月二十日最後の軍命令により桟を失せず果敢な斬り込みを決行、全員悠久の大義に生き靖国の華と散った」までは、ありふれた軍礼賛文章だが、「当隊に配属された防衛隊員学徒隊員はじめ看護炊事等に献身的に尽くし、当隊と運命を共にした人や、戦火の犠牲となった多くの住民のいたことを忘れることは出来ない」とも書いてある。戦没者の半数以上を県出身者が占めており、当然のことだろう。(18)

独立重砲兵第百大隊の鎮魂碑＝糸満市真壁

独立重砲兵第百大隊の戦没者碑銘。女性の名前が刻まれている＝糸満市真壁

注18　特筆すべきは、「看護炊事等に献身的に尽くし、当隊と運命を共にした人」たちを銘板に刻んだことだ。この人たちは女性である。女性名は数えるだけで一四人いる。部隊の戦没者名に女性を加えた慰霊碑は他に聞いたことがない。

沖縄戦で死んだ軍馬をまつる
馬魂碑＝糸満市真壁

洞窟「アンディラガマ」の入り口＝糸満市真壁

なお、約四〇人が配属された一中鉄血勤皇隊員のうち氏名の判明しているのは三一人で、生き残ったのは運天政和、普天間哲也（四年）の二人だけ。しかも運天らは負傷して病院壕[19]に収容されていたため、かろうじて生還した。

「馬魂碑」

「萬華之塔」のそばには、「アンディラガマ」と呼ばれる自然の洞窟があり、沖縄戦では住民や日本軍が避難していた。米軍の攻撃で多数の死傷者を出した。境内には、これまで取り上げた「野戦重砲兵第一連隊」「独立重砲兵第百大隊」のほかにもいろいろな碑が建立されている。

珍しい慰霊碑として「馬魂碑」がある。左下に小さく「愛馬よ安らかに眠れ」とも刻んである。建立は一九九〇（平成二）年二月。慰霊祭の後だったのか、碑の前に馬の好物のニンジンが

注19　真壁の隣集落の宇江城にあった。住民を追い出して病院壕にした。

供えられているのを見たことがある。

「馬魂碑」の隣には第二四師団の野砲兵第四二連隊（山三四八〇部隊）の慰霊碑が立つ。一九八七（昭和六二）年三月、戦友会および同戦没者遺族有志によって建立された。慰霊碑の碑文は、軍馬についても言及している。

また輓馬部隊だけに在満時代からの数多くの軍馬も共に戦野を駆けたが、日を追って斃れる数を増し、戦火の消えたときついに一頭の姿も見ることはなかった（慰霊碑文の抜粋）

野砲兵四二連隊は、一九三九（昭和一四）年秋、関東軍に第二四師団の特科連隊として新設され、ソ連と満州国境に近い東安省西東安に駐屯していたが、南西諸島守備のため一九四四年七月、那覇へ移動した。沖縄戦では、友軍の支援射撃に、あるいは対戦車攻撃に威力を発揮した。軍命令で島尻南部に後退し、真壁を中心に陣地を展開し、さらに奮戦するが、弾薬は途絶え、死傷者は続出し、ほとんどが真壁一帯で戦死した。戦没者は西沢勇雄大佐以下二一〇〇名余である。

四一式山砲

大砲は、四一式山砲。一九一〇（明治四三）年前後に開発・採用された陸軍の山砲。一九三〇年代中期から歩兵連隊に配備されたため、連隊砲ともいわれた。重量五四〇キロ。馬六頭で分解運搬、または馬二頭で牽引運搬（輓馬）した。山砲として開発されたため人力による分解運搬も可能であり、山岳戦や森林・密林地帯で威力が発揮された。構造が比較的簡単であるため組み立てや操作が容易であった。これよりさらに操作が安易な九四式山砲が開発採用された。最大射程は七・一キロ。発射速度は一分約一〇発。沖縄戦では、対戦車砲としても使用され、対戦車用炸薬弾（タ弾）は七五～一〇〇ミリの装甲を貫徹することができた。（フリー百科事典『ウィキペディア』参照）

　連隊砲大隊は四一式山砲四門、対戦車砲四門で編成された。一個分隊に一門、分隊長以下一一人、馬六頭。砲操作三人、弾薬係三人、弾運び四人（一二発）。連隊砲一個中隊に四門を配備。弾薬は専用の三発入り、六発入り弾薬箱に収められ、運ばれた。三発入り弾薬箱は三一キロ。六発入り弾薬箱は背負うことが困難で、馬で運ぶか、木のそりで運んだ。このため、四門分の弾薬を運搬するために砲術要員とは別に馬一〇頭、馬車五台、弾薬小隊七七人を必要とした。

　六発入り弾薬箱は背負うことが困難だから、馬か木のそりで運んだと記録されているが、実は沖縄戦では背負って運んだ人たちがいた。防衛隊である。次のように証言している。

　山砲の弾は、木の箱に六発ずつ入っていて、かつげるようにロープがついている。それを背負って弾雨のなかに出て行くんだ。艦砲や迫撃の至近弾がくると、かついだまま伏せるわけだ。これは、きつかったよー。あの重い物を背にしたまま伏せるのは、起きるときがまた大変。泥の中ですべらぬように立つのは、体力だけでは駄目だった。力だけで立つと足をとられて、スーッとバレーの踊り子のように股をひろげて座らされてしまう。

また、体に弾が当たらなくても、箱に当たってしまえばおしまい。特に対戦車用の爆雷持たされた時は一番怖かった。

この右手が無くなったのは、首里の弁ヶ岳に行った時。弾薬でなく糧秣だったから手だけですんだが、はあ、弾だったら、もう終りだったな。迫撃かなにか分からないが、至近距離から射たれて、バァーッとやられて、気がついたら、南風原の陸軍病院だった。（『沖縄戦をみつめて』[20]一七八～一七九ページ）

防衛隊は消耗品

沖縄戦で、防衛隊は消耗品。馬並みか馬以下である。さらに次のようにも語っている。

私が球部隊の防衛隊に引っ張られたのは、米軍が上陸する年の正月頃だった。

最初は、津嘉山（島尻郡南風原村）の糧秣庫で馬車持ちをさせられて、あっちの部隊、こっちの部隊と食糧や馬糧を運ばされていたが、米軍上陸後は、弾運びをさせられて、津嘉山から浦添前田に行ったり、与那原の運玉森に運んだりしていた。

私たちの防衛隊は、消耗品以下だと思われていたから、もう馬は使わせない。担いで行かされるんだ。雨は降るし、道は艦砲や迫撃が落ちて穴だらけでね、深田のなかを歩いているようだったなあ。（『沖縄戦をみつめて』一七八ページ）

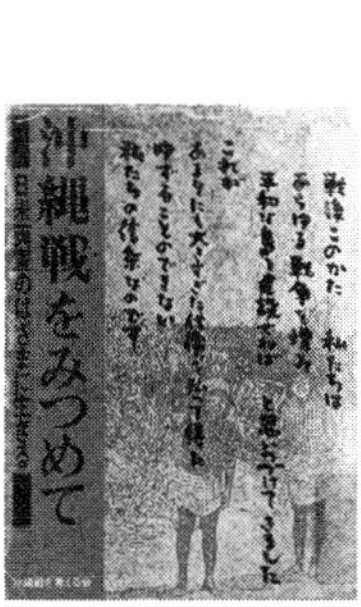

注20『沖縄戦をみつめて』（沖縄戦を考える会、改定版一九八三年）

若い女性も弾運びをさせられた。第三二軍首脳は、具志頭村港川付近からの米軍上陸に備え、具志頭・玉城一帯にさまざまな陣地を構築した。港川に近い「クラシンジョウ」と呼ばれる洞窟も陣地壕として整備された。当時国民学校三年だった新垣好惟は、洞窟内に砲弾置き場、大砲が二門あった、と証言している。ここに砲弾を運んだ女性の証言を聞くこともできた。

当時一八歳だった佐敷村の平良ヨシは、馬天港からクラシンジョウの陣地壕までタマハコバー（弾薬運び＝本人の表現）をした。

> 一〇・一〇空襲から一か月半後のこと。役場から話があり、男女七人ずつのグループが六組いて、港に朝の五時前に集合し、五時ごろスタートした。弾の重さは八キロくらい。弾は布（紐）で包み、肩から下げた。馬天港から今の刑務所の場所を通っていった。急な坂で杖なしには上れなかった。離れて歩きなさい、と言われた。誰か爆発したら、みんな死ぬから。三時間半かかった。一人四回往復した。手間はもらわない。クヮーシグヮー（乾パンのこと）をもらった。勤労奉仕だね。二〇日間で弾を運んだら船はいなくなった。（『友の会ニュース八二号』[21]）

『佐敷町史　四　戦争』には戦時中、命がけの弾薬運びを強制された女性たちの体験談が掲載されている。激戦地の近くまで、弾薬を運んだという証言もある。

さて軍馬であるが、沖縄戦ではどれだけの頭数が連れて来られたか、不明である。ただ、中国から那覇に入港した対馬丸には第六二師団の将兵約三〇〇〇人と軍馬約五〇頭が乗船

注21　『友の会ニュース八二号』（沖縄県観光ボランティアガイド友の会編）

していた。(『沖縄戦と疎開』[22]八ページ)

全国では終戦までに徴発された軍馬は、三〇〇万頭ともいわれている。初めの頃は、軍馬として育成された馬だったが、中国での戦争が拡大するにつれて、農家からの徴用農耕馬が主体となっていった。

県内では軍の食糧や弾薬運搬、または飛行場建設に県内の馬車持ちは、ほとんど馬ごと徴用された。当時西原村の労務主任の男性(四七歳)は、次のように証言している。

西原へ戦争が来てから、応援の部隊も島尻からも来ておるんですよ。それだから馬なんか、何千(?)というくらいいたんですよ。機関銃でバンバン撃たれたら、何千という馬が逃げ走るのですよ。初めは、声を上げて逃げ廻るが、後になると全部一ヵ所に鼻をつき合して集まるんですよ。機関銃であちこち撃たれた、後は死ぬんです。

(『西原町史　第三巻資料編二　西原の戦時記録』七二七ページ)

冒頭の部分は、西原村には第六二師団が布陣していたが、米軍と激戦が続いて、島尻を守備していた第二四師団が応援増強された、との意味。何千の表現に(?)が付いているのは編集者と思われる。多すぎると思ったのか。

軍馬に追い出される

住民の沖縄戦体験記を読んでいると、南部では避難するガマ(洞窟)探しが大変だった、

注22　『沖縄戦と疎開——引き裂かれた戦時下の家族』(沖縄県平和祈念資料館編、二〇〇五年)

というのが多い。見つけてもいっぱいで入れてもらえない。乳飲み子を連れていると露骨に嫌がられ、拒否された。ガマから追い出された体験談も多い。当時、一〇歳だった女性が日本兵にガマから追い出されたことを記録している。何と言われて追い出されたのか。


玉城村は「ガマ」と呼ばれる自然の洞窟がたくさんあり、二、三日は安全な洞窟で過ごすことができた。

しかし、日本の兵隊がやってきて、

「ここは、軍馬を避難させるから、避難民は出て行け」と壕から追い出された。夕方になると、大人達は軍馬の世話をさせられるようになった。（『なは女性史証言集』[23]第四号九五ページ）

西原町の北側にある徳佐田は、棚原集落から屋取りで一九三九（昭和一四）年、字森川から分離独立、字徳佐田になった。戦前三一戸の純農村地帯。徳佐田では子馬を島尻方面から買い求め、荷馬車用馬に育てた。近隣からは徳佐田産の馬として重宝がられた。戦時中は、多くの馬が軍に徴用された。一九四四年八月、西原村に駐屯した第六二師団第一一大隊へは、イモ、野菜の供出のみならず、軍馬の飼料まで供出を命じられた。住民は食糧難で困窮する中、応じた。

『西原町史　第三巻資料編二　西原の戦時記録』には、軍馬に関する証言が少なくない。抜き出して紹介する。

注23　『なは女性史証言集第四号』（那覇市総務部女性室発行、二〇〇一年）

◎当時五二歳の軍属・男性の証言

馬車引をして、小那覇飛行場建設用の砂運搬に従事していた。（略）毎日、与那原海岸から運んでいた。ほとんどの馬車引たちが徴用されていた。

十・十空襲後、小那覇の飛行場建設が中止になったので、戦車部隊の食料や弾薬運搬に従事させられた。戦車部隊の軍馬は力が弱く、雨降りあとのどろんこ道では一歩も歩けなかった。私の馬は、力のある農耕馬だったので、すぐに徴用されてしまった。私の任務は、与那原の御殿山にあった石部隊の本部で荷馬車に武器、弾薬、食料を積み、西原村千原の戦車部隊に運ぶことであった。（『西原町史　第三巻資料編二　西原の戦時記録』五四一㌻）

◎当時二七歳の軍属・男性の証言

私は当時、蹄鉄工でしたので、外の兵隊たちが休憩しているときでも、休憩するいとまもなく、馬の手入れをしなければいけなかった。なにしろ人間より馬の方が大切にあつかわれていた時代でしたので……。

夜になると班ごとに並べられ、「きさまたちは、紙一枚で何人でも集まってくるのだぞ」と気合いをかけられていた。人間は発熱してもほったらかされたが、馬はもうお馬様々でしたので、いつも気をつかっていた。（同五四八㌻）

軍隊では一銭五厘のはがき一枚で召集できる兵隊より、数百円もする馬に価値があった。「兵隊は消耗品、馬は貴重品」と言われた。

◎当時三六歳の男性の証言

野砲隊の弾薬庫が大里村の大城部落にあったので、防衛隊を引率して那覇の国場まで弾薬運搬をした。砲弾は一人で一個ずつ運搬した。運んだ砲弾は首里向けに発射していた。

六月二、三日ごろ、首里が米軍の手に落ちたため、野砲を豊見城村の長堂に移動することになった。普通は砲二門の砲車と弾薬庫が一連になった車を六頭の馬で引かせるのですが、馬が六頭とも砲弾でやられてしまったので、仕方なく人力で引くことになった。国場を午後一〇時ごろ出発し、長堂までの道のりを二、三時間かかって移動した。（同七〇二ジペー）

◎当時二八歳の男性（球部隊所属）

砲兵隊は歩兵隊の後方から移動した。大砲は昼間は隠しておき、夜、移動しながら砲撃を加えた。移動の時、最初は馬に引かせていたが、国場で馬が全滅してからは一六人の兵士が引っ張った。場所も国場→首里→国場→長堂（豊見城村）→喜屋武（南風原村）→山川（南風原村）→玻名城（具志頭村）→与座（同村）→仲座（同村）とあっちこっち移動した。

砲弾を運ぶのは沖縄出身の防衛隊だった。彼らが大砲を据える所まで砲弾を運んで来ると、私たちが砲撃の準備をし、砲撃命令が下り次第砲弾を発射していた。ところが、与座、仲座あたりからは砲身が上がらなくなっていたので、一発発射する毎に手

で砲身を上げなければならなかった。（同三七九ジペー）

食糧にされた馬

証言を見ると、人間より軍馬が大切にされたことばかりだ。しかし、死んだ馬は軍馬といえども戦場では住民や兵士の食糧となった。

当時、西原村翁長在住で国民学校三年生だった女性（玉那覇香代子）から馬肉を食べた話を聞いた。彼女は、父と防衛隊の兄、妹で南部へ避難中に小城で製糖小屋を見つけ、そこに隠れていた時に、周囲の人から「馬が弾にやられたらしい。あの肉は食べられるからすぐ取りにいきなさい」と勧められたという。さっそく父が包丁を持って取りに行き、避難していた四家族が製糖小屋の鍋で炊いて食べた。残った肉は、父は油味噌で炒めて保存用にしたという。

当時数え一二歳だった宮里栄輝（具志頭村）は『私の戦争体験記(24)』の中で、死んだ馬は大人たちが集まってすぐに骨と皮にしたほか、住民が避難した後の集落を逃げ回っている豚や山羊、鶏は捕まえられて食糧になった、と書いている。盗んでいるとの意識はない。大胆なことには、日本軍が洞窟に保管していた米俵からも米を盗んでいる。

軍人も馬の肉を食べていたようだ。

◎当時四四歳の男性の証言

私は渡辺上等兵と友人になっていた。ある日、馬が爆撃でやられたので、渡辺上等

注24　宮里栄輝『私の戦争体験記』（私家版、一九八九年）

兵が「早く行って、馬の股肉のところを切り取って来い」と言われた。私たちにもその馬肉を分けてくれた。豚を屠殺した時なども、頭部と内臓等は私たちにくれた。（略）山羊を屠殺した時も、首から上と内臓は必ず私たちにくれた。米や鰹節などもくれた。（西原町史　第三巻資料編二　西原の戦時記録』六〇九ジペー）

渡辺上等兵は満洲にいた時から軍馬係だった。男性らは、兵士とともに米軍の爆撃でやられた大砲の砲弾から信管を抜いて敵戦車を爆破する爆弾作りをしていた。

映画「月桃の花」に南部のガマ（鍾乳洞）に肉を売りに来る中年の男性が登場する。俳優の川満聡が演じていた。肉の中には馬の肉もあって、ガマにいた軍人に軍馬の肉を勝手に売るのはけしからん、と怒鳴られる場面がある。実際にあった話だという。

◎当時四〇歳の主婦の証言

そこで（注・前川ガラガラーと呼ばれた自然洞窟）生活して、まずびっくりしたことは、お金さえあれば食うことに困るようなことがないということでした。

人間というものは生死の極限状態のときでも金儲けをたくらむやからがいるということでした。あの迫撃砲や艦砲の中をどのようにしてかいくぐってくるのか知らないが、無人の民家に忍び込み、そこに残されている豚や馬や牛や山羊などを手当たりしだい盗んで潰し、避難壕に持って来て「上等の肉があるが買わないか」と耳打ちして商談をすすめるのです。（同六三二ジペー）

琉球新報の社長を務めた池宮城秀意の著書『戦場に生きた人たち　沖縄戦の記録㉕』には「馬肉のおやじ」が登場する。県立図書館の司書だった池宮城は、一九四五年二月、防衛隊に召集され、陸軍二等兵になった。彼は南風原の陸軍病院で壕掘り作業、負傷者の担架搬送などに従事した後、陸軍病院の南部撤退で山城（現糸満市山城）付近の洞窟に避難した。

その洞窟には危険な水汲みを商売にしている男のほか、味噌や塩を売っている五〇代の男がいた。あるとき、この「おやじ」に馬肉を買わないかと言われた。生きた馬を屠殺したのか、爆死した馬かわからないが久しく肉を忘れていた池宮城らは、二キロばかり買い込み、料理した。しかし、いくらかんでも喉から落ちない。ついには吐き出した。「こんなものを一斤（六〇〇グラム）一円で売るとは、ひどいおやじだ」とみな腹を立てた。

> 生きるか死ぬかの瀬戸際で金儲けに夢中になり、財布がふくらむのを楽しみにしているこの「おやじ」には私たちの仲間はもちろん、隣りの壕にいる地方民たちもあきれるばかりでなく、憎しみの目を向けた。彼の売っている味噌も自分の家から持ってきたのではなく、付近の主のいない農家の台所から盗んできたものかも知れない。そう邪推されても仕方がなかった。（『戦場に生きた人たち　沖縄戦の記録』一一九〜一二〇ページ）

「水汲み男」によると「馬肉のおやじ」は毎日財布の中身をあらためていた。千円以上が入っていたという。県知事の月給の三倍近い額である。

六月二〇日、池宮城は捕虜になる。米兵の攻撃を避けるため、池宮城は「壕内には婦女子・

注25　『戦場に生きた人たち　沖縄戦の記録』（サイマル出版会、一九六八年）

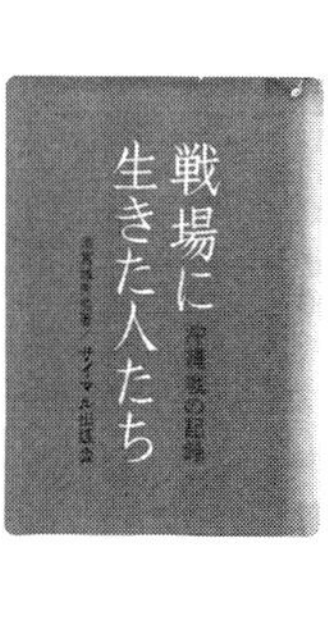

民間人しかいない。手榴弾もない」とクレヨンで書いた英文の紙を板に張って壕の入口に立てていた。「水汲み男」「馬肉のおやじ」も、ともども捕虜になるが、おやじが命懸けで戦場を駆け回って稼いだ金は、米兵に財布ごとスーベニア（記念品）として取り上げられた。おやじの落胆ぶりは大変なものであったという。

馬肉売りには「おやじ」ばかりでなく、「おばさん」もいた。安里要江・大城将保『沖縄戦　ある母の記録』(26)には、商魂たくましい馬肉売りのおばさんが登場する。

私たちの壕に馬肉売りのおばさんがときどきやってきました。砲爆撃も恐れず、頭にバーキ（竹ざる）をのせて、中に馬肉をいっぱい詰めこんで、壕を廻って商売していました。肉は二斤ずつ束ねて売っていました。その人は、五月中に三度ほど私たちの壕にまわってきました。ある時は、パラパラパラと機銃弾に追われながら、壕の中にとびこんできて、バーキから肉をとりだして商売をはじめるのです。戦場でもお金は通用しました。私たちはお金には困りませんでしたから、そのつど馬肉を買いました。五月末までに三回ほど二斤単位の馬肉を二束ずつ買って、味噌を入れて肉汁をこしらえました。あれで栄養をつけたからその後の戦場での行動が続けられたのかもしれない、と思っています。

しかし、あの肉売りのおばさんは、ボンボン弾の落ちる中であんなにしてお金をもうけて、その金を何処で何に使うつもりだったのか、考えてみれば不思議でした。（『沖縄戦　ある母の記録』一一九～一二〇㌻）

注26　安里要江・大城将保著『沖縄戦　ある母の記録』（高文研、一九九五年）

「愛馬進軍歌」

一九三七年にはじまった日中戦争の戦線が拡大するにつれて農家で飼われていた農耕馬も軍馬として徴用された。日本軍は輸送力の大半を軍馬に依存していた。軍馬は全国の農村から集められ、部隊とともに大陸へ渡った。戦場で倒れた軍馬はおびただしい数を数えた。

軍馬の育成についての国民の関心を高めようと、陸軍軍馬補充部[27]は「馬は兵器だ」とのポスターも作成した。さらに政府は一九三九(昭和一四)年、四月七日を「愛馬の日」と定めた。前年の一九三八年一〇月、陸軍省は、「愛馬進軍歌」を全国公募している。実に三万九千余の応募があった。馬政課長の栗林忠道大佐[28]が担当した。発表は一九三九年一月一五日に行われ、作曲で一等当選したのが沖縄県恩納村出身の新城正一である。

新城は沖縄県師範学校で音楽教師の宮良長包に出会い、薫陶を受けた。師範学校を卒業後、上京し進学した。一九三八年三月、新城は武蔵野音楽学校師範科を卒業し、福岡県の中学校で教師となった。ちなみに一等賞金は千円であった。作詞は久保井信夫。「国を出てから幾月ぞ　ともに死ぬ気でこの馬と攻めて進んだ山や川　取った手綱に血が通う」という勇壮な「愛馬進軍歌」は霧島昇・松原操の歌でコロンビアから発売され、爆発的にヒットした。

教え子の一等当選のころ、首里市大中町在住の宮良長包は病床にあった。一九三九年四月八日付「琉球新報」には、「栄冠彩る師弟愛　愛馬進軍歌の作曲家に寄す」の見出しで、宮良と新城の師弟愛を伝えている。宮良は、愛馬進軍歌の楽譜を手作りし、音符の代わり

注27　陸軍省外局のひとつ。軍馬の供給・育成および購買並びに軍馬資源の調査を掌握した。国内各地に支部があった。昭和二〇年一一月、陸軍省廃止とともに解体。

注28　栗林忠道大佐は硫黄島の守備隊指揮官として二月から三月二六日まで戦い続け戦死。三月一七日、最年少の陸軍大将に昇進した。

に、銃を背にした騎兵を乗せた軍馬を描いている。宮良は二男の長尚に命じ、画筆を走らせ、二人がかりで作成した。これを福岡県の新城へ贈っている。宮良は元気を取り戻したとも報じられたが、間もなく死亡した。享年五六歳。また新城も一九四三年八月、病没した。享年三五歳であった。

沖縄県では、県出身の新城正一が国家的な栄誉に輝いたということで、全県あげて熱狂した。政府は満蒙開拓の方針を決め、沖縄県も満洲への移住・分村を奨励した。恩納村、金武村、北谷村などに満蒙開拓移民が多いと言われたのは、「愛馬進軍歌」と関係があるという。全国からも勇壮な「愛馬進軍歌」に乗って、若者たちは満蒙開拓団・満蒙開拓青少年義勇軍として中国大陸へ渡り、氷雪の荒野に苦難の歳月を過ごす。

「愛馬の日」設定に伴い、「軍馬資源保護法」「種馬統制法」が成立し、軍用保護馬の検定が全国一斉に行われた。「軍馬資源保護法」では、二歳から一七歳までのオス、メスを問わず、馬を所有している人は強制的に検定を受けなければならない。検査場までの手当は日当三五銭と一里につき五銭の旅費が支給された。また、軍用保護馬に指定されると、飼料代として三七円の助成もあった。

沖縄の在来馬は扱いやすく、農村では農耕馬として大切にされ、戦前は四万頭を数えた。拡大する日中戦争で、国内の農村では農耕馬の徴用が増加し、農業生産力の維持に深刻な影響を及ぼした。在来種が主な沖縄は軍馬の徴発管区からはずされていた。農林省はこれに目をつけ、助成金を支出、農耕馬として購買を斡旋した。一九三八年の移出高は約五千頭、移出先は三二府県に及んだ。

沖縄本島の在来種が途絶えたのは、一九一五年の軍馬生産を目的にした馬匹去勢法の施行がきっかけである。国が定めた大型種を交配に使うことを強要されたため、県は外国産馬を導入し、在来種馬の改良を試みた。宮古馬は、地元で猛烈な反対運動が起こったため、適用除外になった。さらに与那国島も除外され、この二地域は在来馬の生産が続いた。（長濱幸男宮古島市市史編纂委員の話「琉球新報」三月一七日）

宮古馬・与那国馬など日本の在来馬は八種。体高が一・二メートルほどの小型の馬でポニーに分類される。在来種は、軍馬には向かない。しかし、明・清との交易では琉球からの進貢物ともなった。薩摩侵攻後は江戸への献上馬ともなった。

一九三三（昭和八）年一二月二三日、皇太子（現天皇）が誕生した。一九三五年、皇太子の乗馬用として宮古馬が選ばれた。これを宮古島では名誉なこととして三頭を厳選した。右《う》流《る》間《ま》（昭和八年生）、球盛《たまもり》（同）、漲水《はりみず》（昭和七年生）。所有者は三頭とも別人であった。出発の日まで三頭は大事に育てられた。その年の夏、平良港から東京へ向かう日には、大勢の島民が港に駆けつけ、三頭を見送った。

四〇年後の一九七五（昭和五〇）年七月、沖縄では国際海洋博が開催され、開会式に皇太子が出席した。右流間号を育てた島尻寛栄に会われ、労をねぎらった。島尻は皇太子が学習院制服姿で右流間号に乗馬する写真を贈られている。右流間号は白馬であった。

「愛馬進軍歌」の歌曲碑は、新城正一の出身地・恩納村名嘉真の国道五八号沿い（実家跡）に建てられている。五線譜の楽譜はきちんと刻んでいるが、歌詞はない。建立は一九八〇年五月。なお、新城の弟・正剛（鉄血勤皇隊員・師範学校本科二年）は摩文仁で戦死した。同期に大田昌秀元県知事がいる。

作詞した久保井信夫（一九〇六〜一九七五）は、香川県出身。北原白秋の影響を受けた歌人で、

「愛馬進軍歌曲」碑＝恩納村名嘉真

香川県歌人会長も務めた。地元では高く評価され、同歌人会主催の久保井信夫賞があり、毎年優秀な作品を表彰する。「愛馬進軍歌」の歌碑が建立された後、久保井を研究している人が恩納村に訪ねてきたが、五線譜のみで歌詞がないことに、愕然としたとのエピソードが伝えられている。

「めんこい子馬」

一九四一年、東宝映画「馬」が公開された。監督・脚本は山本嘉次郎、チーフ助監督・黒澤明、主演・高峰秀子。東北の農村を舞台に、少女と馬のふれあいがセミドキュメントタッチで描かれている。映画のラストは苦労して育てた二歳の馬が競り市で高値を呼び、ついに軍馬御用となり、村人たちの旗の波に送られて出発する。映画は陸軍省選定で、冒頭に当時の陸軍大臣・東條英機の推薦文がついている。

映画については次のような記述がある。

一見軍馬を育てる国策に沿っているようであるが、映画全体にはその要素が薄い。もとは馬の競り市の活気ある様子をラジオで聴いた山本監督が、そこからこの映画を発案し、企画を通すため奇策を奏して、軍馬の育成を描く映画を作るべきだと軍に働きかけ、軍から映画会社に製作を命令させた。（フリー百科事典『ウィキペディア』「馬」より）

ロケは東北各地で三年がかりで行われた。映画主題歌として「馬」（作詞・佐藤惣之助、作曲・古賀政男、編曲・二木他喜雄、歌・伊藤久男、菊池章子）が歌われた。挿入歌として「めんこい子馬」（作詞・サトウ・ハチロー、作曲・二木他喜雄、歌・二葉あき子、高橋祐子、コロンビア児童合唱団）も作られたが、事情で「めんこい子馬」は用いられなかった。しかし、なじみやすい歌詞と軽快なメロディーは国民歌謡として全国的に大ヒットした。

戦後、「めんこい子馬」は「めんこい仔馬」となり、歌詞から「戦地」「軍馬」が消え去り、今では戦争と関係のあった歌とは思われない。元歌は五番まであった。消された歌詞は三番と五番。ちなみに五番の内容は次の通り。他愛のない歌詞である。

「明日は市場か　お別れか　泣いちゃいけない　泣かないぞ　軍馬になって　行く日には　オーラ　みんなでバンザイ　してやるぞ　ハイド　ハイドウ　してやるぞ」

軍馬の「遺骨収集」

沖縄守備軍第三二軍には全国から将兵がかき集められた。他府県出身戦没者はすべての都道府県に及ぶ。すべての慰霊塔が摩文仁、米須を中心に建てられ、毎年のように慰霊祭が行われる。沖縄を除いて、他府県で戦没者が最も多いのは北海道の一万人余。第二四師団は特に北海道出身者が多い。

冒頭で紹介した野砲兵第二四連隊（第二四師団）の「馬魂碑」は誰が建てたのかは書かれていないが、二〇〇五年二月一〇日付「北海道新聞」に「戦後六〇年　軍馬の涙《上》遺骨収集」と題された記事が掲載され、戦友のみならず軍馬の遺骨収集をする元兵士の話が紹介されている。

野砲兵第二四連隊に所属していた伊藤一雄（網走管内津別町）は一九七九年、戦後初めて沖縄を再訪した。

骨を拾うという戦友と交わした約束を果たし慰霊するため、以来一九回、沖縄に足を運んだ。戦友の骨だけでなく、馬たちの骨も捜した。伊藤さんにとっては戦友も軍馬も、同じように苦楽を共にした仲間だ。遺骨収集に費やした時間は、延べ三九〇日。沖縄戦で生き残った人たちとともに掘り起こした兵士や地元住民の骨は七三九柱に及び、軍馬も五頭分の骨を見つけた。（「北海道新聞」）

伊藤は、一九四三（昭和一八）年、一七歳で軍に志願し、第二四連隊は旧満州から沖縄に転属している。同連隊の獣医務下士官として馬の世話をした。父の職業が馬の装蹄業で、馬とは縁があった。馬とともに育った伊藤は、なおのこと馬を大切にした。病気の軍馬の横に寝起きし、ふんをさわって健康状態を確かめた。「馬だって好きで戦争に来ているわけじゃない。ふるさとで家族と一緒に畑仕事をしているほうが、どれだけ幸せか。満期除隊も、復員もなく、骨も帰れない馬がふびんだった」。伊藤は病馬への献身的な看護の理由をそのように語っている。

しかし、伊藤は沖縄戦を体験しなかった。沖縄戦を直前にした一九四四年一二月、研修のために台湾の獣医学校へ派遣されたのである。六カ月の予定が戦況のひっ迫で短縮されたが、研修終了後の三月下旬には沖縄は米軍に包囲されており、原隊復帰できなかった。

伊藤は、ベッドの枕元に掘り起こした馬のひづめをまつっている。もの言わぬひづめに毎日、ニンジンと水を供えている。

病馬廠

伊藤の話に「病気の軍馬の横に寝起きし……」との表現があるが、当時の軍隊には、病気の馬をまとめて扱う場所があった。病馬廠である。

第三二軍には、師団の病馬廠があった。『戦史叢書沖縄方面陸軍作戦』（防衛庁防衛研修所戦史室、一九六八年）の付録「第三二軍戦闘序列および指揮下部隊一覧表」には、将兵を収容した野戦病院に続いて病馬廠が記載されている。第二四師団病馬廠は長が岩井吉五郎大尉、第六二師団病馬廠は長が小川昌美中尉、また宮古島に配備された第二八師団は病馬廠ではなく、病馬収療所となっていて、長は保坂斯道大尉と記録されている。

『西原町史　第三巻資料編二　西原の戦時記録』には、米軍上陸前後の守備軍配置概要図が載っている。図では西原村上原から千原にかけたところに病馬廠があった。しかも「病馬廠壕」となっている。馬も洞窟に隠すよりほかはなかった。『作戦要務令』の第三部には馬衛生機関として、師団病馬廠の説明がある。「第２２４　師団病馬廠（騎兵旅団病馬廠を含む、以下同じ）は傷病馬を収容して部隊の繋累を除くと共に、傷病馬の診療を行うを以って主要なる任務とし、併せて部隊の防疫及び装蹄を援助し、所要に応じ馬、獣医材料、及び蹄鉄の補給に任ず」

国に徴発され戦地に行く軍馬は兵士と同じ出征で、飼い主は辛い別れをして見送った。「一死報国」「武運長久」のたすきもかけられた。沖縄に来た軍馬も同様なケースであろう。沖縄戦での軍馬廠の具体例は知らないが、ＪＡ愛知東のホームページに以下の記述がある。

ある人は、入隊直後に軍病馬廠で馬の治療の研修や管理方法を教わったという。しかし戦場では、馬は汚水を飲み、飼料や気候の違いから下痢病が蔓延し、次第にやせ細ってゆく姿を見るのが辛かったという。終戦間際には薬もなく、治療は餌の中に粉にした炭を混ぜ与える以外には方法がなかったという。（ＪＡ愛知東「奥三河の農耕儀礼馬の話三」）

沖縄戦の病馬も悲惨な最期を遂げたであろう。人間である兵士でさえ、重症患者は「自決！の一語あるのみだ」（『沖縄決戦　高級参謀の手記』三三三ページ）と死を強要された。軍医は衛生兵に命じ、青酸カリ、銃、手榴弾等で処置した。敵の捕虜にはならないという「戦陣訓」(29)は厳しく実行された。

琉球競馬

二〇一三年三月二日と一〇日の両日、沖縄市の沖縄こどもの国で、琉球競馬（ウマハラシー）

注29　一九四一年一月、陸軍大臣東條英機が示達した訓令。軍人として取るべき行動規範を示した。「生きて虜囚の辱めを受けず」で知られる。ただ軍医すべてが自決を強要したわけではなく、青酸カリを捨てさせたケースもあった。

が七〇年ぶりに復活した。琉球競馬は琉球王朝からあり、戦争の影響で途絶えた。県内では各地に馬場の跡が残る。沖縄市知花には「弁当馬場」があり、農村の娯楽として競馬を楽しんだ。

『西原町史　第四巻　西原の民俗』(30)には「馬勝負（ウマスーブ）」としてまとめられている（一〇七六～一〇七七ページ）。

馬勝負は日本の競馬と違い、馬をとばすのではなく、「脚組す（アシクマシュン）」といってはやがけで（一本の脚は常に地につけた状態）直線コースを勝負させた。勝負は必ず二頭の馬で争われた。歩調をととのえるために二、三回馬場をまわり、二頭の馬の歩調がそろった時、互いに呼びかけて出発の合図をし、勝負に移った。

復活した琉球競馬（ウマハラシー）＝沖縄市・沖縄こどもの国、2017年1月29日

首里大名に今でも残る大名馬場（平良真地）は、一六九五（尚貞王二七）年に開かれた。戦前は「大名馬追」とも呼ばれていたという。ちなみに首里の北側はかつて西原間切か西原村だった。儀保は一八八〇（明治一三）年、平良は一九〇七（明治四〇）年、末吉と石嶺は、一九二〇（大正九）年に首里区に編入された。

西原村には、我謝馬場があり、大名馬場より古いといわれた。今は写真でしか見ることはないが、両側に数百年の樹齢を数えるクワディサーの大木が生い茂り、見事である。一九〇五（明治三八）年

注30　『西原町史　第四巻　西原の民俗』（西原町役場、一九九〇年）

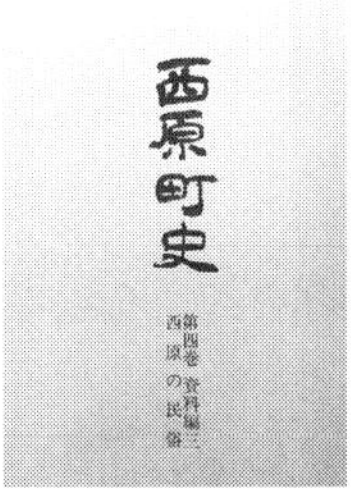

一月五日には、同馬場で「旅順陥落祝捷会」が行われたほか、翌年二月三日には「西原間切凱旋軍人歓迎会」が挙行されている。そのような使われ方もあった。現在は国道の一部になった。

我謝馬場は沖縄製糖工場に一〇万円で払い下げられたため、一九一三（大正二）年、西原尋常高等小学校（現在の西原中学校）前の畑を購入して新たな馬場が建設された。西原村は馬勝負が盛んなところで、各集落には競走馬が飼育されていた。五〇頭に上ったという。町史には、飼育者の屋号を記載している。ほとんどの集落で飼われていたことが分かる。

昭和初期の沖縄神社祭の奉納競馬は平良馬場（大名馬場）で行われ、中頭は「ヒコーキ」と「トヌバル」、島尻からは「自動車小」と「マンガタミ」号がいて、双方負けられない勝負がくりひろげられた。万余の見物人が手に汗をにぎる勝負を展開した結果、「ヒコーキ」が優勝した。当日は五〇組の馬勝負が午前九時に始まり、夕方まで続いたという。

競馬用に使用された馬は宮古馬が主である。労力用に使用された馬は、主に宮古雑種と喜界島雑種だったという。一九三〇（昭和五）年ごろから宮古馬が少なくなり、西原では一九三五（昭和一〇）年ごろから馬勝負はなくなったという。また、県内での戦前最後の競馬は一九四三年、平良馬場で行われたという。

一時は絶滅しかかった宮古馬は、現在約三五頭、与那国馬は六〇頭ほど。与那国馬保存会、宮古馬保存会が天然記念物となった在来馬の保存に努めている。

III

護国寺の鐘——ペリーとベッテルハイム

首里城跡に琉球大学開学

首里城地下に掘られた沖縄守備軍の第三二軍司令部から牛島満司令官らが南部に向け脱出したのは五月二七日（一九四五年）である。その二日後の五月二九日には、米軍の艦砲射撃、砲爆撃で破壊された首里城城壁に星条旗が揚がった。アメリカ合衆国水師提督マッシュ・ペリーが首里城を強引に訪問してから九二年後のことである。そして二〇一三年はペリーが来琉して一六〇年となる。

首里の古老がウグスク（御城）と親しんだ首里城は戦後、無残な姿をさらしていたが、五年後、ブルドーザーで更地にされた後、五月二二日に琉球大学（琉大）が開学した。

首里（城）にひるがえる星条旗＝1945年5月、米海兵隊撮影、沖縄県公文書館所蔵

ところで、米軍が琉大の場所を首里城跡としたのは、新しい時代（いわゆるアメリカユー）の象徴としてだろうか。調べてみると、琉大の開学は米軍の思いやりではない。戦後間もない一九四七年、全琉球各高校生徒自治会は全琉球連合生徒自治会を結成して、名護高校、文教学校、知念高校で連合自治会を順次開催し、各校代表は大学設立の必要性を強調した。さら

琉球大学開学10周年＝沖縄県公文書館所蔵

に嘆願書を軍民両政府へ提出、同時に大学設立基金として八万五五七五円（当時のB円）を寄付した。ハワイの同胞も強力に援護した。ハワイ更生会（ハワイの沖縄県人連合会で組織）では、「沖縄大学創立案要綱」を発表。琉球復興の根源は教育からのスローガンを掲げ、大学設立を引き受けることを米軍政府に働きかけている。

沖縄戦で多数の教育者が犠牲になり、教員は絶対数が不足していた。一九四六年一月、具志川村田場（現うるま市田場）の米軍キャンプ跡に沖縄文教学校が開学、さらに外語学校もできた。両校の果たした役割は大きいが、その後開学した琉大に吸収された。そして、大学開学の場所として首里城跡が選ばれた。東京のGHQ琉球局長ウエッカリング准将、琉球米軍政府のミード教育部長、沖縄民政府の山城篤男文教部長が敷地候補を視察して決めたという。

琉大本館と教室の工事を手掛けたのは國場組。社長の國場幸太郎は「琉大を首里城跡につくることについては、私は反対だった。むしろ復元するのが当たり前と考え、ブルを入れるのがしのびなかった。しかし米軍には逆らえず、工事を遂行した」（『私の戦後史　第一集』[1]八六ページ）と語っている。一方、第三代琉大学長・安里源秀は次のように証言している。

注1　『私の戦後史　第一集』（沖縄タイムス社、一九八〇年）

琉大の仕事をするようになってからびっくりしたことは、大学をつくろうにも内容的には何もないことだった。いま考えると、米軍は本当の大学をつくるということまでは考えていなかったのではないか。

私が学長代理に任命される前、大学の設置場所は首里城跡に決まっていて、すでにアワ石づくりの本館と木造教室が完成しつつあった。しかし、ただそれだけのことで、簡単な建物を建て、名前だけつければ何とかいいわけが立つと考えていたかも知れない。（『私の戦後史第一集』二六㌻）

琉大が開学したものの机、教科書もなかった。学生は床にあぐらをかいて講義を受けた。そんな状況を知ると、米軍が沖縄の文化歴史に理解があったとは思えない。

山里永吉は『私の戦後史』の中で、円鑑池修復の際に当時の米国民政府情報教育部長ディフェンダーファー(2)の横やりに言及している。山里をはじめ当時の文化財保護委員は戦禍を生き延びた沖縄人の使命として、戦争で破壊された文化財をひたすら修復・復元することに全力を挙げた。しかし、円鑑池修復では、教育部長は「ハンタン山に石段を作って見物席にし、中島に舞台をこしらえて見物する演舞場をつくる。もう設計図も出来ている」と山里をのけぞらせる提案をしたという。アメリカ人のいいなりなら、歴史ある弁財天堂は戦火に消えたままになっていた。円鑑池・天女橋の復元のあと、中島に建つ予定の弁財天堂は予算がなく、そのままになっていたが、実業家の具志堅宗精の寄付で復元（一九六八年）されたという。

戦前、県内には二四件の国宝があった。京都、奈良に次いで三番目だったが、すべて沖

注2　米国は沖縄の長期的統一のために琉球列島米国民政府を一九五〇年に創設。略称はユースカー。情報教育部は琉大も管理・監督した。ディフェンダーファーは、反米的な活動を止めない琉大生の処分を大学側へ強硬に迫った。開学四年目の一九五三年五月に「メーデー事件」が起き、四学生が退学となった。

縄戦で破壊された。日本政府は行政権が及ばないことを理由に金は出さなかったが、技術者を派遣した。森政三技官は園比屋武御嶽石門の復元（一九五五～五七年年）、守礼門の復元（一九五七年～五八年）に尽力した。守礼門復元では一般住民から寄付も集められた。円鑑池・天女橋・弁財天堂の復元をはじめ、中山門の材料だったという木材で円覚寺総門を復元した。戦禍で破壊された浦添ゆうどれも早いうちから修復・復元が始められている。

　守礼門の復元の後、文化財保護委員会が玉陵の復元を尚家に申し入れたところ、先祖の墓だから尚家がやる、と断られたという。玉陵の修復が遅れたのはこのようないきさつもあり、私が琉大に入学した一九七〇年になっても、戦禍の跡がそのまま残っていた。そのころ、玉陵の屋根にも登れた。

　一方、首里城跡はほそぼそ、というかコツコツというか、勝連周辺の石大工らの手で修復・復元が続けられていた。首里城復元期成会もでき、さらに敷地が手狭になっていた琉大は、西原町千原に移転作業を進め、一九八五年には移転が完了して、同年一一月二日移転完了記念祝賀会を開催した。こうした動きを受け、首里城の復元作業も本格化する。戦後、正殿の跡にはコンクリート建築物は建てられていない。盛り土して、その上を駐車場に利用していたが、いつかは復元するとの狙いがあったのだろう。

　正殿の復元は発掘調査の後に行われた。正殿、城壁、瑞泉門などの復元を待って一九九二年一一月三日、首里城公園が開園した。さらに、二〇〇〇年一二月二日、首里《しゅり》城《じょう》跡《あと》として他のグスクとともに「琉球王国のグスク及び関連遺産群」として世界遺産に登録された。

二つの鐘

私が入学したころ、琉大本館には左右に鐘が吊されていた。向かって左は、「開学の鐘」。変哲もない米軍払い下げのガスボンベだが、一九五七年五月まで実際にこのボンベをハンマーで叩き、時間を知らせた。一八五四年、日本を開国させ、さらに琉球とも修好条約を結んで去るに当たり、国王からペリーに贈られたという「護国寺の鐘」は、開学の鐘の反対側の美術工芸ビルの近くに吊されていた。赤瓦屋根の鐘楼もあった。現在の赤田御門に通じる場所である。この鐘はレプリカだった。当時、本物はアナポリスの海軍兵学校に吊されていた。説明板には、高等弁務官ブース(3)が琉米修好百年祭を記念し、レプリカを琉球側に贈ったとある。現在は、琉大千原キャンパスに「開学の鐘」とともにある。

琉球大学本館前にある「開学の鐘」＝西原町

ペリーは一七九四年、米合衆国ニューポート生まれ。一八〇九年海軍入り。一八四五年の米墨戦争（アメリカ・メキシコ戦争）では、ミシシッピ号の艦長として参加、後に艦隊司令官に昇任した。蒸気船を主力とする海軍の強化策に努め、「蒸気船海軍の父」と称えられた。ペリーは交渉態度が高圧、恫喝的で砲艦外交と呼ばれる。

注3　二代目の琉球列島高等弁務官。任期は一九五八年五月一日から一九六一年二月一二日。

琉球大学本館前の「護国寺の鐘」＝西原町

日本遠征の独自の基本計画で①任務達成には四隻の軍艦が必要。うち三隻は大型の蒸気船であること②中国人同様に、日本人へも、恐怖に訴える方が友好より多くの利点があるだろう等々と述べている。

一八五二年一一月、アメリカ合衆国海軍東インド艦隊司令長官に就任、日本開国の指令を与えられた。第一三代米大統領フィルモアの親書を携えてバージニア州ノーフォークを出港した。カナリア諸島、ケープタウン、シンガポール、香港を経て、一八五三（嘉永六）年五月二六日、来琉した。日本との交渉がうまくいかない場合、琉球を占領するつもりだったという。

しかし、浦賀に姿を現した四艘のペリー艦隊に江戸幕府は仰天した。ペリーは親書を手渡し、開国を要求した。翌年には七隻の艦隊で再訪し、一八五四年三月三一日、日米和親条約を結んだ。帰路につく途中、琉球を再訪問し、一八五四年七月一一日、琉米修好条約を強引に締結した。琉球側は波の上の護国寺にあった鐘を友好のしるしに贈った。この鐘は、一四五六年、琉球王の尚泰久[4]が護国寺境内にあった大安禅寺に寄進したもので国宝級の鐘であった。

「亜米利加合衆国水師提督彼理、軍艦サスキハンナ号以下三艘を率ゐて那覇港に入れり」（『尚泰侯実録』[5]）とあるようにペリーを漢字で書くと「彼理」[6]である。水師提督というのも海

注4　第一尚氏六代国王。在位（一四五四年〜一四六〇年）。琉球に多くの仏寺を建立、鐘も数多く造らせた。海外貿易で発展した時代を象徴する「万国津梁の鐘」（一四五八年）は有名。

注5　『尚泰侯実録』　一九二四（大正一三年）刊行。琉球国最期の王となった尚泰一代の事跡を歴史家の東恩納寛惇が実録の形で編纂著述した。琉球新報編『東恩納寛惇全集2』（第一書房、一九七八）に収録。

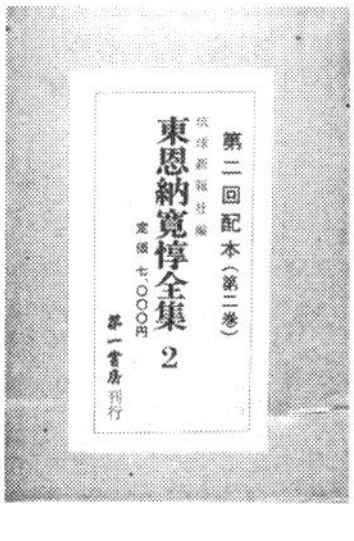

注6　神奈川県久里浜のペリー記念碑では「伯理」となっている。

軍で最高位の者という意味。当時の米海軍にはアドミラル（提督）はなく、最高位は代将であった。それで、ペリーを提督とするのは間違いとの指摘がある。

　ペリーの手土産になった護国寺の鐘は、ペリー邸の庭に吊されていた。死後（一八五九年）、夫人が母校のアナポリスの海軍兵学校に寄贈した。校庭に吊され、ウエストポイント陸軍士官学校との野球やフットボールの試合で、海軍が勝つと勝った点数の鐘を叩いて、勝利を祝った。そのため「勝利の鐘」と呼ばれたという。ペリーに贈呈したとき、撞木をつけなかったので、鐘を叩くときは、木製のハンマーで叩きならしていたという。ひび割れも生じていた。

　護国寺の鐘がアメリカへ旅立って八七年目に日米開戦、さらに沖縄戦と続く。長い間忘れさられていた護国寺の鐘だが、再び歴史に浮上する出来事が起こる。一九四五年八月一五日、日本の無条件降伏で第二次世界大戦は終了するが、その際、米海軍は、護国寺の鐘を叩いて、アメリカの勝利を祝い、世界各国へ平和が到来したとラジオを通じて放送したのだ。

　米軍が沖縄を占領して八年後の一九五三年、琉米修好百年祭（ペルリ来琉百年祭）が米軍と沖縄各界が協力して大々的に行われた。

　高等弁務官ブースは、アナポリスの護国寺の鐘に関心を寄せ、レプリカの寄贈を思い立ったという。製作は富山県老子製作所で、高さ七六・二センチ、口径六二・二センチ、重さ六三一キロ。工費は一三〇〇ドルだった。完成したレプリカは元の場所である護国寺には置けなくて、琉大構内に鐘楼を造り、一九六〇年七月一二日に吊るされた。

やりたい放題のペリー

那覇に入港したペリーの艦隊について『尚泰侯実録』の中で、東恩納寛惇は「細雨霏々たり。官民共に悒色あり」（細雨が降り続いていた。官民ともに憂いの表情だった）と書いている。一九世紀の那覇港には西洋列強各国の軍艦の入港は数多く、琉球側は少しは慣れていたのか「官民ともに憂いの色が見られた」で済んだが、浦賀に来航し、江戸湾深くまで進入したアメリカ艦隊に、幕府・江戸市民は大騒ぎとなり、「太平の眠りを覚ます上喜撰たった四杯で夜も眠られず[7]」の狂句が流行った。

幕府は江戸防衛のために品川沖に洋式の海上砲台を建設した。計画では一一基、ペリーが再来航したときには一部が完成、品川台場と呼ばれた。品川沖まで来たペリー艦隊は引き返し、横浜に上陸した。一八五四年三月、日米和親条約を締結。函館、下田の開港、薪水・食糧・石炭の補給、領事の下田駐在などを取り決めた。この後、イギリス、ロシア、フランス、オランダとの間に同様の条約を結んだ。

ペリーは琉球ではやりたい放題だった。内陸部の探検は五月二六日から五日間実施された。探検隊は将校四人、乗組員四人、中国人苦力四人の計一二人。初日は首里弁ケ岳から池田を経て夕方、西原間切小橋川に到着して野営した。随行員に画家のハイネがいて、各地の風景を描いたものが残されているが、野営地の小橋川（上ヌ松尾）から見た中城湾に浮かぶ知念半島の絵は、今と変わらない。

探検隊は中城城、美里、石川、金武、恩納、牧港を経て那覇に戻った。探検隊はベッテルハイム宅（護国寺）に集合し、同所で旅装を解いた。

注7　上喜撰は高級茶。蒸気船にかけている。四杯は四艘。

琉球側が強く拒否・懇願したのが首里城訪問である。六月三日、摩文仁按司は、書をペリーに出した。

「琉球は貧小の弱国、王城といえども大国使臣を迎接する設備がない。先年二月、英国使臣等が強いて、王城に至るや、上は幼主母后から下は官民子女まで、驚き、母后は驚愕のあまり病を発し、が今に至るまで治らない」と王城訪問中止を懇願した。琉球王尚泰は一一歳であった。

ペリーは耳を貸さず、母后の病気も嘘とみて「一行儀礼の壮観を見れば、かえって憂いを慰めるだろう」とうそぶいている。

六月六日、夜半の風も収まって天気晴朗の中、ペリー一行は泊に上陸し、隊列を整えて首里を目指す。米海軍の一種の示威運動で、特に隊列を荘厳にした。艦長以下従員三〇人、装剣銃兵一三〇人、大砲三門楽手二三人、轎夫《きょうふ》および清国人二四人の総員二一〇人。野戦砲を先行させ、旗艦・サスケハナ艦長、通訳とベッテルハイムが続いた。さらにミシシッピー号の軍楽隊、しんがりにもサスケハナ号の軍楽隊が続いた。ペリー提督はこの日のために特注した壮麗な轎に乗り、八人の清国人が四人交代でかついだ。行程は泊から崇元寺、安里、松川を通り、中山門に至る。道路沿いは民衆が大勢集まって見物した。

総理官[8]らはペリーの隊列を中城王子邸（現・首里高校）前に迎えて、入城を拒否しようとしたが、隊列は止まることなく米国国歌を吹奏したまま、城門（歓会門）を目指した。

城門を閉じて王城内に入れまいとしたのは、三司官座喜味親方ら。座喜味の頭の中には、そのまま占領されるかも知れない、との懸念があった。しかし、通訳の板良敷里之子親雲上（後の牧志朝忠）は、入城を拒むより礼をもって迎えるべきだ、と主張。小禄親方、源河

注8　ペリー側と折衝するために設けられた琉球側の架空の官名。

親方も賛同した。かくして、ヘールコロンビア（大統領行進曲）が吹奏される中、ペリーは武将を従えて城門に入ったのである。今の歓会門での出来事である。ペリー一行は北殿に案内され、総理官らと接見した。この後、大美御殿《ウフミウドゥン》（首里高校の東側にあった）に案内され、琉球側の饗宴を受ける。宴の半ばでペリーは「琉球人民の繁栄と琉米両国の和親のために」[9]と乾盃し、総理官は「ペリー提督の健康のために」と乾盃した。午後二時、一行は帰艦した。総理官摩文仁按司は入城させた責任をとって辞任、後任に宜野座按司が就任した。旧五月四日の爬龍船競漕は米艦隊停泊中のために中止になった。

バウン号事件

ペリー来琉のほぼ一年前、バウン号事件が起きた。
ロバート・バウン号はアメリカ船籍の船で一八五二年三月二一日、金鉱採掘の中国人労働者（苦力）四一〇人を乗せ、サンフランシスコを目指し、厦門を出発した。一〇日後に反乱が起きた。病気の中国人を洋上に投棄したほか、弁髪を強制的に刈って虐待した事などが原因だった。船長らが殺害され、乗っ取られた船は石垣島で座礁する。中国人らは上陸し逃走した。

バウン号を奪い返した乗組員らは厦門に帰港した。船長殺害事件を知った厦門のイギリス領事は激怒し、協力して力づくで中国人を取り戻すことをアメリカに呼びかけ、先陣を切って艦船二艘を石垣島へ派遣した。八重山の役人が中国人らを保護していた富崎の収容所を襲い、逃げる者は殺した。自殺した者もいた。しかし、大半は逃走した。

注9　那覇市泊の外人墓地に一九六四年、建立された「ペルリ提督上陸之地」記念碑にはペリーの乾盃のあいさつとして「琉球人の繁栄を祈り　且つ琉球人とアメリカ人が常に友人たらんことを望む」と刻まれている。

イギリス船が石垣を去った後、五月二二日、アメリカ艦船サラトガ号（ウイリアム・ウォーカー艦長）が苦力捕縛のため石垣島冨崎沖合に来航した。二三日から六〇人〜一〇〇人の武装した陸戦隊を上陸させ、中国人の捜索捕縛を徹底した。住宅まで入り込んだほか、発砲までしている。

サラトガ号の艦長からアメリカ合衆国海軍東インド艦隊司令官オーリック（ペリーの前任者）あてに詳細な報告が届いた。石垣島を含む八重山が琉球に隷属していることを伝え、中国人捕縛作戦の内容を具体的に書いてある。捕縛された者は五五人を数えた。彼らは手足に鉄の鎖をはめられて収容され、米兵四〇人が警護した。六九人を連行し、五月三〇日、サラトガ号は去った。

当初三八〇人が上陸、その後の二度にわたる英米軍の捕縛作戦にもかかわらず琉球側に保護されたのは二七一人を数えた。しかし、帰国に時間がかかり、自殺、病死などが相次いだ。一年半後に帰国する二隻の護送船に乗れたのは一七七人である。漂着が一八五二年四月八日、帰国の途についたのが一八五三年一〇月三一日。一〇〇人近くが八重山の土になった。

石垣で死亡した中国人は丁寧に葬られ、収容所があった冨崎には唐人墓が建立されている。

米英軍に連れ戻された中国人は海賊事件の犯人として裁判を受けるが、予審の場所は、香港停泊中だったアメリカ合衆国海軍東インド艦隊旗艦サスケハナ号だった。当初、海賊事件として扱われたが、裁判の過程で事件の内容が明らかになり、清国側の踏ん張りもあって、事件の主犯は二人（うち一人は既に死亡）となり、残りは無罪放免となった。

哀れなのは石垣から帰国した護送船。当時中国大陸の沿岸では海賊が横行していた。一一月六日、二隻とも海賊に襲撃され、身ぐるみはがされる被害を受けている。

ペリーは香港でサラトガ号と合流した。艦隊が那覇に入港したころはサラトガ号の兵士に襲撃され、一命を取り留めた中国人らは、まだ石垣で保護されていたのである。

「王城を占拠する」と脅す

米艦からは、たびたび水兵が上陸して潟原で訓練した。一種の恫喝である。ペリーには目的達成のためにはあらゆる手段を講ずることを琉球側に知らせる狙いがあった。実際に首里城を占領するぞ、と脅されてもいる。

大統領の国書を幕府に渡したペリーは、いったん琉球に戻ってきて、①「聖現寺を一年間賃借する」②「貯炭所の建設」③「偵吏の追跡を禁止」④「市場を設け、交易を自由にする」などを要求している。

その時の総理官への文書でペリーは「アメリカ人は、その在住する国土の法律が国際礼法に基づくならば、これに服従するが、冷遇されるのを甘受はしない。琉球の法律如きは、平和親睦の希望をもって渡来する外国人の権利幸福を阻害するもので、公正ではない。アメリカ人の性格として到底服従できない」と一喝している。琉球側は①から④の要求に対して、④のみを受け入れ、残りはいつもの通り、のらりくらりの言い訳に終始した。

ペリーは怒り、「明日正午を限りに満足な回答が得られなければ軍勢二〇〇人で直ちに王城を占領する」と席を蹴った。こうなると琉球側は手も足も出ない。翌日、地方官がサ

聖現寺の入り口＝那覇市泊

スケハナ号を訪ね、承諾した。

石炭倉庫の拡張については、米国士官が武装した水兵四〇人を引率し、琉球側に実現を強要した。『尚泰侯実録』には、この経緯が次のように記されている。この時、通訳としてベッテルハイムが同行している。

> 斯くして、米人等の要求は威圧して悉く容れられしを以て、漸自肆に流れ、或は深く内地に進入して、鳥獣を猟し竟に恩納間切にて住民に重傷を負はしめたる事あり。又或は民家に闖入して酒を奪ひ、婦女に戯るる事有り。人民悉く門戸を閉ぢて隠れ、人心常に恟々たりき。（『尚泰侯実録』二七五ページ）

ボード事件起こる

一八五四（安政元）年六月一二日、ボード事件が起きた(9)。米船乗り組みの水兵一名、聖現

注9　小野まさ子「評定所文書覚書（三）ボード事件にみる女性たち」（浦添市図書館紀要、一九九一年）によると、ボード事件の半年前の一八五三年一一月、亜人（水兵であろう）が民家に入り、中にいた妻が石垣を越えて逃げようとして負傷する事件があった。さらに水兵に乳房を触られる事件が頻発した。市場では乳房をつかまれた女性が、持っていた包丁で反撃したとの記録もある。

寺止宿の水兵二名が那覇市中で酔狂乱暴を働いた。その中のウイリアム・ボードという者が民家に侵入し、婦人に乱暴したため、群衆に追われ、誤って海に落ち死亡した。ペリーの留守中の出来事（ペリーは下田で日米和親条約の細則を定めるために幕府側と協議中）だった。

七月一日、下田から那覇に戻ってきたペリーは報告を受けて激怒、「将来琉球に渡来する欧米人の保安のために事は不問にできない」と犯人の引き渡しを要求した。七月四日を回答期日にしたが、アメリカ合衆国の独立祭として五日に延期した。しかし、琉球側の調べでは事件の概要は分かったものの真犯人はこれだ、と突き出すことは不可能だった。だが、渡慶次某というものが身代わりになると申し出た。七月七日、総理官金武按司が主犯および従犯四人を伴い、ペリーに説明した。

ペリーは驚き、監督のいたらざることをわびた。被害者には慰問品を贈ったほか、関係水兵は海事裁判を開き、脱走罪として処分した。そして、渡慶次らは琉球の法律で処罰することを求めた。王府では渡慶次を八重山に八年間流刑すると発表したが、事実は物を贈ってその義気を賞めたのである。

かくして七月一一日、若狭町公館（学校所）でペリーは総理官の金武按司、布政官棚原親方、通事の板良敷らと会見し、条約書二通を交換した。一二日、護国寺の鐘をペリーへ贈る。そして七月一七日、ミシシッピ号、パウアタン号は出帆、ペリーは去った。その際、ベッテルハイムも同行して、琉球を去っている。琉球側がペリーに唯一感謝したのは、ベッテルハイムを連れて行ったことであったという。琉米の交渉の場になった若狭町公館跡は松山公園の北側にあり、まつやま保育園の塀に記念碑が掲示されている。

ボードは泊の外人墓地に葬られた。条約の一項に泊村にアメリカ合衆国のための墓を造り、埋葬保護すること。損壊してはならない　とあり、今でもそのまま残されている。一九四五年の米軍占領下から現在に至るまで、ボードのような不届きな米兵は大勢出たが、群衆に追われて海に落ちて溺死した米兵は聞いたことがない。

外人墓地にはボード以外のペリー艦隊の乗組員だけで七人の墓がある。船名まで記録されているのは、ミシシッピ号のヒュー・エリス（一八歳で死去。一八五三年七月二四日）、サスケハナ号のエリ・クロズビー（年齢不詳、一八五四年一月二四日）。そのほかは名前だけ。刻銘も良く読めない。ボードの墓碑は、しっかり読めるが、内容は淡々としたもの。「WILLAM BOARD UNITED STATES NAVY DIED 1854」

琉米の交渉の場になった若狭町公館跡＝那覇市若狭

泊の外人墓地に葬られた墓碑で一番古いのは一七一八（康熙五七）年の清国人（二九歳、浙江省寧波出身）。欧米人では、一八一六年の英艦アルセスト号の水兵ウイリアム・ヘアーズ（W・M・HARES）が最も古い。彼は、発病し聖現寺で看護されていたが、死亡した。葬儀は豚を捧げ、紙銭を燃やし、泡盛を注ぐ琉球の慣習で営まれた。

首長たちも、あらかじめ小さな四角い石を滑らかに磨かせて、墓碑銘を刻むための準備をととのえていた。アルセスト号の牧師の

ペリー艦隊の水兵ボードの墓石（上）と英艦アルセスト号の水兵ウイリアム・ヘアーズの墓（左）＝那覇市泊の外人墓地

テーラー師がその上へ文字を記すと、現地人たちの手で、きちんと彫刻された。碑には、死者の名と享年につづいて、彼ならびにその同僚である英国海軍のアルセスト号とライラ号の乗組員が島民たちによって親切に扱われたことが簡潔にのべられている。この言葉の意味が通訳されると、首長たちは、自分たちの親切が英国人に通じたことを知って、非常に満足したとのことである。（ベイジル・ホール『朝鮮・琉球航海記』[10]二〇七ページ）

墓碑銘の内容は次のように刻まれている。「ここに大英帝国海軍アルセスト号の水兵ウイリアム・ヘアーズは眠る。一八一六年十月十五日死去享年二十一歳。この墓は、琉球島の国王と島民たちの深い配慮によってつくられた」（同三五二ページ）

墓は今も残っているが、補修によって原形はとどめていない。

ライラ号は、沖縄本島を周航し、海図を作成したほか、運天港の測量も実施したが、ペリーのよ

注10　ベイジル・ホール『朝鮮・琉球航海記』（岩波文庫、一九八六年）

うに琉球に対して高圧的ではなかった。

この島の人々とつきあってきたあいだ、物が盗まれたことも一切なかった。人々は誰かれの差別なく船へやってきて、船室、貯蔵庫、その他どこでも好きなところへ勝手に出入りすることを認められていた。また寺院には、運び込んだアルセスト号のあらゆる種類の貯蔵品がところかまわず置き散らかしてあったし、大工や兵器工の道具も同様であった。そして、観測所でも、観測器械、書籍、鉛筆などが覆いをかけただけで放置してあった。

そして何百という群衆が毎日やって来て、何でも好きなものを見たり、いじったりしていた。にもかかわらず、ただ一つの品物といえども紛失したことはなかったのである。（同二七六ページ）

バジル・ホール英艦隊の来琉二〇〇年の節目にあたる二〇一六年一二月、上陸地の那覇市泊に「バジル・ホール来琉二百年記念」碑が建立された。期成会を発足させ、碑の建立に尽力した山口栄鉄バジル・ホール研究会名誉会長は、三七年後に来琉したペリーが琉球王国の占拠さえ政府に提言したやり方を有事思考の勇み足とし、二一世紀の今日までその手法が連綿と続いていると述べている

さて、ボード事件も片付いて、ペリーは帰国の途につくわけだが、どうして、「護国寺の鐘」が贈られたのかがよく分からなかったが、ペリーは鐘を吊す場所を考えていた。建設が始まっていたワシントン記念塔の頂上に吊そうというのだ。

鐘はペリー個人のお土産ではなかった。『尚泰侯実録』では「ワシントン廟に奉納する為に」とある。ワシントン記念塔（ワシントン廟）は一八四八年起工、一八八四年完成、一八八八年には一般公開された。高さ一六九㍍の白亜のオベリスクで古代エジプトで神殿の左右に建てられた石造の記念碑。直立した四角柱で上に行くほど細くなる。語源はギリシャ語の串という[11]。

「バジル・ホール来琉200年記念」碑＝那覇市泊

　独立戦争を勝利に導いた米国初代大統領ジョージ・ワシントンの功績をたたえるために計画され、アメリカ国内外から記念石が集められた。外壁は国内の大理石が使われたが、内壁にはめ込まれた石は世界中から集められた。ペリーは艦隊が寄港した北海道函館、静岡県下田、琉球の三カ所から石を求めた。下田の石はすぐに使われ、地上六五㍍の場所にある。琉球の石[12]は不明となっていたため、改めて一九八九年、「琉球の石」が贈られた。

「琉球の石」復活事業に尽力したのはNPO法人琉米歴史研究会（喜舎場静夫代表）。ワシントン記念塔横で行われた復活セレモニーは八月五日（日本時間）に行われ、沖縄から親善大使として派遣された中学生らの手で一三五年ぶりに納められた。

　新聞報道によると、セレモニーには米国各州から集まった県人会関係者をはじめ、松永

注11　一九八八年、ワシントンDCを訪ねる機会があり、ホワイトハウス、リンカーン記念館等を睥睨する堂々としたワシントン記念塔を初めて見た。一〇〇年以上も前のデザインとは思えないモダンな形だと感じたが、オベリスクは古代エジプトの建築物と知ってさらに驚いた。記念塔はエレベーターがあり、年間八〇万人の観光客でにぎわう。

注12　設置場所は地上から九五㍍。函館の石は行方不明のままという。

駐米大使、米国務省の代表ら二〇〇人余が参加、さらに記念塔を訪れていた各国からの観光客らも加わった。

ペリーは「護国寺の鐘」を、モニュメント（ワシントン記念塔）の頂上に掲げるよう議会に強く要求したようであるが、却下されている。記念塔の頂上には三角の冠石が乗っている。ペリーの要求はデザイン的にも不可能だったかも知れない。

ペリーは帰国後の九月、司令官の任を解かれ、翌年引退し、日本遠征記をまとめている。晩年はアルコール依存症、痛風を患っていた。一八五八年三月四日、ニューヨークで死去。六三歳だった。

ミズーリ号の星条旗

一九四一年一二月八日（アメリカでは七日）、日本海軍はハワイ真珠湾のアメリカ太平洋艦隊を奇襲攻撃し、日米の戦争が始まった。戦艦アリゾナは乗組員を乗せたまま沈没、アメリカは甚大な被害を受けた。八八年前、四艘の黒船に腰を抜かした国とは思えない無茶ぶりである。さらに三年後の沖縄戦、続いて広島、長崎への原爆投下、ソ連の参戦を受けて、大日本帝国は一九四五年八月一五日、無条件降伏した。

九月二日、東京湾に停泊した戦艦ミズーリ号の甲板で、連合国に対する降伏調印式が行われた。ミズーリ号が選ばれたのは、トルーマン大統領の出身州ということからのようだ。日本政府の全権は外務大臣の重光葵。軍部の全権は梅津美治郎参謀総長。調印式は世界中に放送された。式中、ミズーリ号の甲板には古びた星条旗が飾られていた。重光は接待員にその訳を聞いている。

約一世紀前、ペルリ提督が日本を訪れた時の旗艦に掲げられていた旗であって、ボストン博物館に保存してあったものを、式場の唯一の装飾として飾ったものだということだった。ペルリ提督とマッカーサー元帥とは、その時の事情が違っているが、日本に対して一つの革命をもたらしたものであって、これから新しい日本が生れるという意味では彼とこれとは相似ている。自分はミズーリ号の上甲板に立って秘かに、今日のことが将来の新日本への発足であることを思い、国家将来の進運に対して祈願をこめたのであった。(『占領秘録』[13]七六ジペー)

一八五三年、浦賀に来航したペリー艦隊旗艦が掲げていた星条旗(当時の州の数、三一の星が描かれている)を降伏式典場で掲げたのは、日本への屈辱を与えるのが狙いだが、重光は楽天家なのか、新生日本への象徴と、自ら納得するように解釈した。

ミズーリ号は一九四四年就役。沖縄戦に参加し、三月二四日、沖縄本島南東部の艦砲射撃を皮切りに、沖縄攻略にも従事した。四月一一日、日本軍特攻機(零戦)が体当たりしている。機体から飛行士の遺体が回収され、翌日水葬に付された。朝鮮戦争では国連軍の仁川上陸を支援したほか、湾岸戦争にも参加した。最期の任務は一九九一年ハワイ真珠湾で行われた真珠湾攻撃五〇周年記念式典への参加。翌年退役し、一九九九年からハワイ真珠湾で博物館として公開されている。

注13　住本利男『占領秘録』(中公文庫、一九八八年)

「ペルリ来琉百年祭」

米軍支配下の沖縄ではペリーが来航した五月二六日を米琉親善日に定めた。一九五三年は来航百周年として琉米合同の「ペルリ来琉百年祭」が二〇日から二六日にかけて実施された。特に二六日は平日にもかかわらず、官庁は公休日とした。新聞も二七日は休刊となった。額面六円（B円）と三円の二種の記念切手[14]も発行された。

「琉球新報」二六日社会面では、比嘉秀平主席あてのダレス国務長官、スティーブンソン国防長官、トルーマン前大統領のほか、当時の琉球列島長官マーク・クラーク（陸軍大将[15]）の祝辞が載っている。また、米軍は百年祭期間中、ルイス准将（民政官）から比嘉主席あてに、琉球住民が日の丸を掲揚することを認可した（政治的集会・行列は不可）。

すさまじいのは、受刑者にも恩典を、と特赦の申請が比嘉主席からルイス准将へ申請され、二二日特赦される六一名の氏名が公表された。二六日に出獄したのは、沖縄四九名、奄美六名、宮古・八重山各三名。日本復帰前は米軍に受刑者の恩赦権があった。

ペリー来琉百年記念の切手

高校生から論文も募集した。一等入賞者は琉大在学中の全学費、二等、三等入選者には学資の一部を賞として与えるもので、主催した「ペルリ提督来琉百年祭委員会」では、多数の応募を予想したが、わずかに一四名が応募しただけだった。記念ポスターには、中学生三〇点、高校生二八点が応募したのみ。これも一等三千円（B円）、二等二千円、三等千円の賞金が出た。

注14 六円の切手（ペリーと艦隊）のデザインは山田真山作。

注15 琉球列島長官は、琉球列島米国民政府（ユースカー）の最高責任者。アメリカ極東軍司令官（連合国最高司令官）との兼任のため、実際には沖縄にいる民政副長官（一九五三年当時はオグデン少将）に職務権限を委任していた。

日米対抗の親善行事は、野球、水泳、庭球、排球、陸上競技などが各地で行われた。二三日、那覇高校球場では、久場崎ハイスクールとの野球試合が行われ、六対三で那覇高校が勝った。観衆は二万人。主催は琉球新報社、共催が沖縄野球連盟。

二四日は那覇市内を仮装行列した。旭町から美栄橋、松尾、那覇高校前、開南交番、平和通り、国際通り、蔡温橋、崇元寺、泊高橋を巡るかなりの距離。小学生が日の丸、星条旗を振りながら行進した。仮装行列の中には、ペリー艦隊の旗艦・サスケハナ号に扮したトラックもあり、上にはペリーに扮した男性、琉球側の高官に扮した男性もいた。仮装行列は、コンテストで、一等の沖縄食糧会社には賞金五千円が出た。

琉米文化会館では、「ペルリ百年祭記念琉球工芸品展覧会」が開催され、漆器、織物、陶器、紅型などが展示され、優秀作品には賞状と賞品がディフェンダーファー百年祭委員長から授与された。

百年祭の最後を飾ったのは、二六日に行われた首里博物館（一一〇坪）とペルリ記念館（三〇坪）の落成・譲渡式。式典には米琉の高官が出席し、盛大に行われた。首里博物館は、首里城周辺の廃墟から残欠文化財の収集が行われ、「首里市立郷土博物館」としてスタート、一九四七年、沖縄民政府に移管され「沖縄民政府立首里博物館」となる。さらに東恩納博物館を合併し、一九五三年には米軍の援助を得て、木造瓦葺きの新館が建築された。同年九月には「琉球政府立博物館」に改称した。

なお、譲渡式で、戦争中に沖縄から米国へ持ち去られた文化財を収集し、沖縄に返還する運動をした米兵（ウイリアム・デービス軍曹）が紹介され、文化財（おもろさうし二一冊、尚家位牌六〇、国王のかんざし、曲玉三など）が返還された。

一八五四年の日米和親条約で開港した静岡県下田は一九三四年開港八〇年を記念して第一回黒船祭まつりを開催、戦時中はさすがに中断したが、戦後復活して以来、五月第三土曜日の前後三日間開催している。沖縄が「ペルリ来琉一〇〇年祭」に湧いたこの年の黒船祭の記念式典は二四日、城山公園内の開国記念碑前で行われた。出席者は日本側から堤、河井衆参両院議長、内山静岡県知事など三〇〇名。米国側からアリソン大使代理、テーラー横浜総領事、プリスコ極東艦隊司令官、スウ横須賀基地司令官など三〇名が参加した。(16)

黒船祭は二〇一三年に第七四回を数えた。

注16　「琉球新報」一九五三年五月二五日)

「ペルリ上陸記念碑」

那覇市泊の外人墓地に建立された「ペルリ提督上陸之地」の記念碑

那覇市泊の外人墓地西側に「ペルリ提督上陸之地」の記念碑が建立されている。ペリー艦隊の来航は五月二六日だが、本人の上陸は六月六日。首里城に向かった日である。記念碑は一九六四年七月一七日に建てられた。石は今帰仁城跡から採掘した五千万年前の石灰岩で高さ三メートル、幅一・五メートル、重さ一〇トン。筆は島袋豊光。なお、除幕式の模様は一九六四年七月一七日、「琉球新報」夕刊で、以下のように報じられている。

那覇市泊の外人墓地

ペルリ提督記念碑除幕式が十七日午前十一時から那覇市泊港北岸の外人墓地の同碑前で行なわれた。この記念碑は高等弁務官府、那覇市、泊復興期成会、那覇市米軍輸送部隊親善委員会、在琉米海軍、在琉軍人会の協賛で造られたもので小波蔵副主席、ゴックル海軍大佐、長嶺立法院議長ら琉米人多数が出席した。

米ボーイスカウト、ガールスカウトたちの手によって除幕が行なわれたあと、西銘記念碑委員会長は「ペルリが上陸してから百十余年になるが、歴史の一ページとして私たちの胸に刻まれている。今後なお一層琉米親善を深めていきたい」と挨拶した。

第二十九陸軍軍楽隊の演奏や泊港停泊中の各船からいっせいに汽笛が鳴らされ、除幕式を祝った。

国内では、開港地となった静岡県下田にも上陸記念碑がある。下田の海辺の公園にはペリーの胸像とアメリカから贈られた碇がレイアウトされている。浦賀に来航したペリーが米大統領の国書を渡すために上陸した久里浜（現在の神奈川県横須賀市）にも上陸記念碑がある。

この三カ所の記念碑の中で、最も重厚にして最大なのが久里浜の記念碑だ。碑は仙台産の花崗岩で、台座から碑のてっぺんまでの高さは約一〇メートルもある。幅は約二・五メートル。日米から募金が二万円余、さらに宮内省から明治天皇の思し召しとして千円が下賜された。「北米合衆国水師提督伯理上陸記念碑」の揮毫は伊藤博文。一九〇一（明治三四）年七月一四日除幕した。

この碑は日米友好のシンボルになったが、太平洋戦争が起こるとアメリカ憎しのターゲットになり、ついに一九四五年二月、横須賀の翼賛壮年団によって倒された。そして敗戦を迎えると、碑を倒した壮年団らは戦犯になると、戦々恐々したという。しかし、同年一一月に再建され、一九四七年七月一四日、ペリー上陸九五周年祭が記念碑前で行われた。久里浜ペリー祭はこの後から行われるようになった。二〇一三年の祭は一三日に行われた。また、ペリー記念碑が建つ公園には、来航一六〇年を記念して花壇が造られ、ミニサイズのサスケハナ号が置かれている。

護国寺とベッテルハイム

護国寺の山号は波上山、院号は三光院。真言宗の寺で、県内の真言宗寺院の頂点に立つ。察度王（在位一三五〇～一三九四）の時代に薩州坊津の一乗院から頼重上人が真言宗開教のために来琉した。察度王の尊信を得て、日本の古式に習い、一国一寺の祈願寺として護国寺を創建した。入滅月日（一三八四年八月二一日）は記録があるが、来琉、寺院建立の年月日は伝わってない。しかし、一三六七～八年ごろと見られている。一九六八年には六〇〇年祭を実施している。

護国寺は、琉球では二番目に古い寺である。最初の寺院は浦添城の北側に建てられた極

1933年撮影の護国寺山門＝『沖縄懸人人物風景写真帖』より

楽寺。英祖王の時代・咸淳年間（一二六五〜一二七四年）に禅鑑という僧侶が漂着し、英祖が彼のために寺を建てたという。山号は普陀楽山。また墓を初めて築造し極楽山と呼んだ。今に残る「浦添ようどれ」である。極楽寺はその後、龍福寺と名前を変え、浦添城の南側に移築された。一六〇九年の薩摩侵攻の際、城とともに薩摩兵に焼かれた。

バーナード・ジャン・ベッテルハイムは一八一一年、ハンガリーのユダヤ系の家庭で生まれた。イタリアで医師になり、エジプトやトルコで軍医として働き、一八四〇年、英国教会の洗礼を受け、キリスト教徒になる。一八四三年、ロンドンで英国女性（エリザベス・メリー・バーリック）と結婚して英国に帰化。そのころ、琉球におけるキリスト教の布教を目的とする琉球海軍伝道会が設立された。創立者の元海軍大尉クリフォードは、一八一六年、英海軍バジル・ホール艦長と琉球を訪れている。伝道会は琉球住民へ福音（キリスト教）を贈るためにベッテルハイムを採用、宣教師として派遣した。クリフォードらの善意だが、当時の琉球は、薩摩の命令でキリスト教と親鸞を開祖とする真宗（一向宗）は禁止されていた。

クリフォードはベッテルハイムの任命にあたりその人格、性格について、知人の幾人かに問いただし、医者にして多くの外国語に通じるベッテルハイムを「琉球の国王と対面せしめるにふさわしい人物である」として意を強くした。

琉球への赴任は、家族連れ（妻、満一歳の長女）であった。一八四五年九月九日、英国ポーツマスから香港へ向け出港。妻は八カ月の身重だったが、英国を出て二カ月目、喜望峰近くを航行中に長男を出産した。さらに香港で中国語の通訳を傭い、米国の商船・スターリング号で那覇に到着したのは一八四六年四月三〇日である。

「主よ、願わくば我が使命が聞き入れられ、土地の人より受け入れられるよう我等を導き給え」と日記にしたためた（山口栄鉄「ベッテルハイム実録」『新沖縄文学』三九号[17]、九ページ）。

琉球王府の役人には「英国国王の命を受けて来琉した」と上陸の意思を表明した。そこへ突然、天久の聖現寺に滞在していたフランス人宣教師・フォルカード神父[18]が訪ねてきた。ベッテルハイムは予想だにしない欧米人の姿にびっくりする。フォルカードは過去二年の困難な宣教活動と琉球の諸事情を語った。しかし、琉球王府がどんなに上陸拒否を告げてもベッテルハイムは聞く耳を持たなかった。フランス人でさえ居住を許されているのだ。

実は、クリフォードから手交された「琉球宣教活動に関する指令書」では、「仮に琉球において居住することが拒絶された場合には、福州にて居を定めることをすすめたい。福州には琉球人の往来があり、彼らを通じて働きかけ、福音が彼らを通じて本国琉球へと伝わるべく努力していただきたい」とある。しかし、ライバル出現に闘志が湧いたのだろうか、翌日の五月一日、強引に上陸する。このとき、はるばる英国から同行した保母の女性は上陸を拒否した。

注17　山口栄鉄「ベッテルハイム実録」『新沖縄文学』三九号（沖縄タイムス、一九七八年）

注18　セオドア・フォルカードはフランス人神父。一八四四年五月、仏国軍艦アルクメーク号が来航し、神父と通訳の中国人を残して去った。フランスは、日本と交渉する踏み台として琉球を選んだ。神父は日本語の習得も要求されていたが、琉球王府は二人を天久聖現寺に押し込め、周囲の番小屋には何人もの築佐事が昼夜を問わず常駐し監視した。

「ナンミンヌガンチョウ（波之上の眼鏡）」

ベッテルハイム一家は那覇港にあった沖の寺（臨海寺）に仮寓、五月七日、護国寺に案内された。護国寺では住持の部屋とベッテルハイムの部屋がふすまで仕切られ、別室には通事の肩書きで五人の役人が常時駐在し、境内には番所が置かれ、ベッテルハイム一家保護の名目に行動を監視した。

ベッテルハイムは、僧侶や小僧が出入りできないように仏像類を寺の外へ移すことを王府に申し出たが、王府では護国寺が琉球国の信仰の中心であり、別の場所を探したいと伝えた。ベッテルハイムは以後、一八五四年の夏に至る八年余を護国寺で過ごした。琉球の庶民からは「ナンミンヌガンチョウ（波之上の眼鏡）」と呼ばれていた。また、犬を連れていたため、「インガンチョウ（犬眼鏡）」とも呼ばれた。犬はフォルカードからもらったという。東恩納寛惇によると、「インガンチョウ」は蔑視である。

よく子どもを連れて護国寺の界隈・波之上を散歩していたともいわれている。ベッテルハイムは、一八四六年一一月一〇日、長男バナードの満一歳の誕生日を迎えるにあたり琉球の貧しい子供達の幾人かを招き、菓子や衣類を与えて一緒に祝いたいと琉吏に申し出たが拒絶されたため、自ら町へ出掛けて初めて公の場所で土地の人々に琉球語で話しかけている（山口栄鉄「ベッテルハイム実録」（『新沖縄文学』三九号一三ジ））。

一八四八年一二月八日、次女が生まれ、「ルーシー・ファニー・リューチュー・ベッテルハイム」と名付けられた。彼女は琉球で生まれた最初の西洋人であった。ベッテルハイム家は大所帯になり、夫婦と一男二女の家族になった(19)。
『尚泰侯実録』の年表では、次女誕生から三年後の嘉永四（一八五一）年「十月十八日　伯徳令ニ男子出生」とあって、男子が誕生したことになっているが、次女の誕生は記録がない(20)。

新教対カトリック

ベッテルハイムの家族が那覇へ着いたとき、偶然だがフランスの軍艦で神父のル・テュルデュも着いた。二年前にフランスが送り込んだフォルカード神父と交代するためである。さらにマシュー・アドネ神父も軍艦で送り込まれ、フランス側は二人となった。宗派は違うので、ベッテルハイムは負けてはおられないとばかりに気合いを入れた。

英仏両国のカトリックとプロテスタントのキリスト教聖職者たちは琉球での宣教活動のライバルとなった。しかし、フォルカード神父以来、王府は住民との接触をことごとく妨害した。一八四七年一〇月、国王尚育が死去、その国葬が首里で行われたときに、フランス人宣教師の誘いで、出掛けたものの、住民とのトラブルに巻き込まれた。アドネ神父は群衆から殴打された。

アドネ神父は着任早々から病を訴えることが多かった。ベッテルハイムの診察によると、食欲不振、気管支炎など琉球の気候は西洋人に合わないように思えた。英仏の宣教師は疎遠になっていった。

二人のフランス人神父は琉球での宣教の困難さに撤退を考えた。フランスからの艦船を

注19　照屋善彦著　山口栄鉄・新川右好訳『英宣教医　ベッテルハイム　琉球伝道の九年間』（人文書院、二〇〇四年）

注20　東恩納寛淳は『ペルリ提督前の文明指導者　伯徳令伝』（E・R・ブル著）の序文で「琉球で生まれた伯徳令の子供は男児であったと謂はれて居るが英国の所属教会の受洗帳に依ると、明に女子と登録せられ」と、王府の記録が誤りであるかのように書いている。

待つ間に、アドネ神父の病状は進み、一八四八年七月一日に亡くなっている。享年三五歳だった。アドネ神父は泊の外人墓地に葬られた。葬礼には琉球王府高官も参列した。翌月の八月、フランス艦船が入港し、二七日にテュルデュ神父を乗船させ、琉球を去った。

ベッテルハイムは英国の琉球海軍伝道会が布教のために派遣した宣教師である。しかし、フランス人神父はフランス海軍が日本進出の足がかりとして琉球に派遣したものだった。神父らは布教のかたわら言語も習熟し、条約締結の際に通訳にもなる予定だった。ベッテルハイムが来琉した一八四六年、フランスのセシル提督は運天港で琉球王府と条約の締結など公式な交渉を始めることになったが、王府ののらりくらり対応で不発に終わる。実はフランスの動きは薩摩から幕府へ伝えられており、幕府は島津成彬が責任を取る形で交渉をまかせることになっていた。

　セシルは、彼の琉球にたいする要求が、日本の鎖国に深刻な影響をおよぼすほど政策を動かしているなどとは少しも気がつかずに退去した。(『琉球の歴史』二一六ページ)[21]

その後、一〇年足らずで砲艦外交のペリーが来航し、幕府、琉球と条約を結んだことを知り、セシルは驚愕したに違いない。一八五五年一月、カトリック伝道の再興と条約締結の目的で再びフランス軍艦が来航した。王府は相も変わらずのらりくらりの対応を変えなかったが、フランス側は高圧、強引に締結を迫り、一八五五年一二月一七日、琉仏条約を締結した。一八五九年にはオランダとも条約を結んだ。

注21　ジョージ・H・カー『琉球の歴史』(琉球列島米国民政府、一九五六年)

呪殺の祈祷

一八四八年にフランス人神父が去って、琉球には、ベッテルハイムとその家族が残った。王府の妨害・圧力は依然厳しかったが、宣教活動を止めることは不可能だった。ベッテルハイムを実力で国外追放できない歯がゆさからか『尚泰侯実録』には、次のような笑い話が記されている。一八五二（嘉永五）年九月（旧暦）のことである。

伯氏の肖像を画かしめ、護国寺住僧をして調伏の秘法を修せしめたり。然れども、亦寸効なく不日にして、病軽減し、月の一九日に至りて全快、夫婦相携へて、福音の宣伝に従事する事更に熱心の度を加へたり。（『尚泰侯実録』）

（訳）ベッテルハイムが風邪をひいて寝込んでいるとの情報が入る。首里城に詰めていた薩摩の役人がこれ幸いとばかりに、ベッテルハイムの似顔絵を描いて護国寺の僧に呪い殺す祈祷をさせる。しかし、祈祷は効かず、ベッテルハイムは病気を癒やして、ますます布教に熱を入れたという。

この年の二月、疫病が流行した。

薩官、前任監守島津登は米二石五斗、野元一郎、堀与左衛門、伊集院次左衛門等は銅銭二千二五〇貫文、産物方御用聞今井藤助は銅銭五一七〇貫文を発して貧民を振恤し、又医生湯前竜棟は、病家を巡訪して薬餌を施したり。英人伯徳令も亦自ら病家を

訪ひ、且書を三司官に致して其の療法を建言したり。（同）

薩摩の役人・医師等は貧民に米や銅銭を提供したほか、病人を治療している。ベッテルハイムも医師として、この疫病の正体を西洋でいう「チフス」と断定し、治療法や予防法をまとめ、三司官へ提出したが、建言が受け入れられることはなかった。

八重山キリシタン事件

江戸幕府は鎖国をし、キリスト教を禁じた。将軍秀忠、家光は、徹底して弾圧し、宣教師・日本人問わず処刑・国外追放した。幕藩体制下の薩摩でも禁教である。そして薩摩に支配された一六〇九年以降、琉球も同様になり、キリシタン弾圧が始まっていく。

一六二四年、石垣島冨崎沖に南蛮船（スペイン船）が漂着した。宮良頭職を務めたことのある石垣永将は牛数十頭を贈り、さらに南蛮人等を自宅に招いて接待した。永将は南蛮貿易で富を築いていたといわれる。南蛮人のひとりがルエダ神父（ドミニコ会宣教師）で、永将はキリスト教の教えを受け、感銘し冨崎にある一門墓で洗礼を受けた。さらに自宅でミサ等も行った。

永将が国禁のキリスト教を信仰していると首里王府へ訴えがあり、永将は首謀者として石垣島で焚刑になり、財産は没収された。子孫は波照間、与那国、宮古島へ流され、ルエダ神父は琉球王府へ連行されたのち粟国島へ流刑となり、そこで殺害された。ルエダは、日本で十数年布教の経験があり、琉球を経由して日本へ再入国を図っている最中だった。

一六二九年にドミニコ会の二人の神父が日本への密航の途中、石垣島へ立ち寄っている。永将の弟・宮良頭の永弘と大城与人安師の二人は、キリシタンと接触したとして翌年王府に連行された。永弘は渡名喜島へ流刑となり、一六三五年焚刑に処せられた。安師は慶良間へ流刑となった後に許されて一六四二年に帰島した。さらに一六三八年には、宗門改めの踏み絵により、永将の弟の宮良与人永定がキリシタンとして永将同様に焚刑に処せられた。三人も火あぶりにされたこの一連の事件が薩摩侵入後の琉球唯一のキリシタン弾圧による殉教事件である。(22)

永将は嘉善姓の一門で、焚刑が執行された跡に御嶽オンナーが建てられ、今なお子孫らが祭典を行っている。県道改修工事の際、オンナーも改築され、二〇〇四年一〇月、嘉善姓一門会が「八重山キリシタン事件殉教の地」の碑も併せて建立した。新川の一門墓の隣には「頌徳碑」が嘉善姓一門会によって一九六八年四月に建立された。

薩摩が琉球に命じたキリシタン改めは血判で行われている。ベッテルハイムが住んでいた護国寺の東方四キロに神徳寺がある。ここで、毎年一二月には宗門改め札が行われた。ベッテルハイムが滞在中の時も毎年行われている。

神徳寺の山号は高明山、本尊は不動明王。建立年、開山とも不明だが、琉球八社のひとつ安里八幡宮の別当寺。八幡宮の開基は第一尚氏六代王尚徳の故事(喜界島征服)にちなんで一四五七年から一四六四年頃といわれる。琉球八社は大半が熊野社をまつるが、安里八幡宮だけ、文字通り八幡神をまつっている。

薩摩奉行の前で、上は三司官から関係役人だけでなく首里、泊、那覇、久米村の責任者、僧侶らが誓詞を読みあげ、順次血判した。一八五一(嘉永四)年の切支丹改帳では、美里王

注22 「八重山キリシタン事件殉教の地」碑文より

子、大宜味按司、与那原親方、東風平親方、宇地原親方、住持大真座主の名前が見える。座主は誓詞諷誦とあり、お経を読むように声をあげたのだろう。この神徳寺での宗門改めは、一八六六年が最後となった。

一向宗の法難事件

当時の薩摩はキリスト教以外に真宗（一向宗）も禁止していた。島津義久の軍に反抗した真宗の僧侶がいたので、琉球でも真宗の布教は禁じられた。尚泰久王時代には数多くの寺院が建設され、琉球は仏教王国の観を見せたが、島津侵略以後は、円覚寺が本山の禅宗（臨済宗）、護国寺が本山の真言宗のみが活動を許された。

ベッテルハイムが琉球を去った翌年の一八五五年、一向宗法難事件が起こり、辻を中心に布教していた仲尾次政隆ら一三人が八重山に流刑された。仲尾次は優れた人物で、宮良橋を架設した功によって一八六二年に罪を許されている。

一向宗法難事件は明治になっても起きた。一八七一（明治四）年、仲尾次の死後、備瀬知恒が密かに布教した。薩摩では一八七六年、一向宗禁教令が解除されたが、琉球王府は長年の薩摩支配の下で頭の切り替えもできず、翌年の一八七七から一八七八年にかけて一向宗徒を弾圧する法難事件を起こしている。

一八七七（明治一〇）年には備瀬以下二六人を処罰。備瀬は八重山流刑の途中、船が難破して死去。さらに、翌年の一八七八年二月、信徒三七三人を処罰した。処罰前の一八七六（明治九）年五月、大谷派布教師田原法水が布教のために来島、布教を始めていて、田原らは王府の処罰は不当だとして内務省へ訴え出ている。それを受けて内務省は調査に入り、その結果、門徒処罰は違法行為と断定した。一方、三司官浦添親方は禁止を続けるよう内務省へ請願していた。

牛痘法を伝授

ベッテルハイムは、貧民のための診療所も開設したが、見張りの役人、番人らに邪魔されて思うような診療はできなかった。逆に立場を利用した役人、番人らがベッテルハイムの世話になった。技術は確かなものであった。当時の天然痘予防の最新技術は、ジェンナーが確立した牛痘法で、ベッテルハイムは琉球に来る前に既に学んでいた。牛痘法を王府に建言するが受け入れられることはなかった。しかし、ベッテルハイムから牛痘法を学んだ医師がいた。仲地紀仁である。

仲地紀仁（一七八九年～一八五九年）は泊の医師・金城紀昌の長男として出生、父から家伝の医学を学び、二六歳の時、中国へ留学して、福州で内科、眼科を学ぶ。帰国の途中、逆風にあって薩摩に漂着し、ここでさらに内科、外科を学んだ。一八一九年に帰郷し、一八二五年から九年間、宮古島の医師を務めた。一八三九年と一八四一年、那覇に天然痘が流行した際、仲地は人痘接種を行い、貧困の人々に施療奉仕した。

仲地はベッテルハイムから牛痘法を学び、小児に実施して成功した。一八四八年のことで本土より一年早かった。仲地を顕彰する「牛痘種痘始祖仲地紀仁顕彰碑」が琉球政府文化財保護委員会と沖縄医師会の連名で、護国寺内のベッテルハイムの碑の側に建立された

「ベッテルハイム居住地の碑」（左）と仲地紀仁を顕彰する「牛痘種痘始祖仲地紀仁顕彰碑」（右）＝那覇市波之上の護国寺境内

のは一九六八年三月である。

『英宣教医　ベッテルハイム』の著者、照屋善彦は「ベッテルハイムの琉球の人々への最大の貢献は、一八四八年牛痘牛苗ワクチンを紹介したことだろう」という。もっとも牛痘の琉球導入はベッテルハイムよりも前の一八三七年、広東から日本人難民を日本へ送る途中の船に乗っていた医師、ピーター・パーカーが三日間の那覇滞在中に琉球の医師に牛痘法を教え、書とワクチン、用具を与えたという。しかし、牛痘法は伝わらなかった。医師が誰だったかも分っていない。

ペリー艦隊来航

一八五三年、ベッテルハイムを歓喜させる出来事が起きた。アメリカ海軍提督ペリーが率いる艦隊が那覇に到着したのである。彼は英国国旗ユニオンジャックを掲げて歓迎した。

一八五四年二月八日、ベッテルハイムの妻エリザベスと子供達はペリー艦隊のサプライ号に乗船して琉球を去った。家族を見送って護国寺に戻ったベッテルハイムは号泣したという。ロンドンの琉球海軍伝道会は後任としてG・H・モートンを派遣した。モートンもまた家族連れでの赴任だった。一八五三年四月、英国を発ち、中国で滞在した後、一八五四年二月、着任した。すぐに護国寺に居住し、ベッテルハイムは八年間琉球で学んだことを伝えた。モートンも語学の才能があり、琉球語で簡単な会話ができるようになった。ベッテルハイムと街角に立ち、説教もした。

ベッテルハイムは家族が去って五カ月後にペリー艦隊パウアタン号の乗客となって、琉球を去った。モートンは体調を徐々に悪くして、一八五五年一〇月には、オーストラリアへ去った。英国の琉球海軍伝道会は後任を派遣せず、中心人物のクリフォード大尉は一八五五年死去した。

琉大首里キャンパスにあったレプリカの「護国寺の鐘」の由来を調べるなかで、ペリーになぜ「護国寺の鐘」が贈られたのか、それはペリーが欲しがったのか、など次々と疑問が湧き出てきたが、護国寺に八年余もいたベッテルハイムは朝夕鳴り響く護国寺の鐘の音を、どのように聞いたのだろうか？

偶然だが、沖縄の日本復帰の年、一九七二年に創刊された雑誌『琉球文化』第四号[23]（一九七四年発行）をめくっていたら当時健在だった護国寺住職、名幸芳章[24]がラジオシナリオ「波の上の開鐘」を書いており、護国寺の鐘献上の内容に触れている。

名幸は護国寺の七三世住持（一九三一年拝命）である。一九六八年、護国寺創建六〇〇年祭を迎えるにあたり『沖縄佛教史』[25]を出版した。ラジオシナリオは史実ではないだろうが、鐘をペリーへ献上することを提案したのは、ベッテルハイムのようである。

「波の上の開鐘」

注23 『琉球の文化』第四号（琉球文化社、一九七二年）

注24 一九一一年二月、那覇市天妃町生まれ。一九二八年三月、沖縄県立第二中学校を卒業し、真言宗京都大学（現・種智院大学）に進学、一九三三年卒業。在学中の一九三一年護国寺住職を拝命。また一九三六年以降、金武村観音寺の住職も兼務した。一九九三年一月三〇日死去。

注25 名幸芳章『沖縄佛教史』（名幸芳章、二〇〇六年二刷、初版一九六六年）

首里城を訪問したペリーは、国王や母后、政府高官へ西洋の品々を寄贈している。「護国寺の鐘」の寄贈はこれらの記念品への返礼であるという。ラジオシナリオ「波の上の開鐘」では、国吉親方が護国寺にベッテルハイムを訪ね、お礼を述べる。さらに何か記念になるものを贈りたいが、何がよいだろうか?と尋ねる。

ベッテルハイム「なるほどよく分かりました。さて、米国人は琉球人から何を貰ったら喜ぶだろうか。私も何れイギリスへ帰らねばならぬが、帰る時はお土産に何を持って帰ろうかと考えた事がある。(略)笑ってはいけませんよ。私にとっては、こうしてこの寺に何年も閉じ込められて暮らしている以上、いやでもこの寺のいろいろな品物が目につく。その中で、ほれ、今なっているあの鐘の音を聞いてみなさい。毎日、朝晩此の寺の小僧がつきならしているが、この鐘の音だけは、ほんとに東洋的ですばらしいと思っている。私ならこの鐘を持って帰りたい」

国吉親方「えっ? 何と云われます? あの鐘が欲しいと云われるのですか」

ベッテルハイム「その通り、ペルリが欲しいと云っているのではありませんよ。私がです。私ならあれを所望しますね。ハハハ」

こうして国吉親方は、ベッテルハイムの進言を摂政に伝えることになる。シナリオには鐘の精も登場する。国吉親方が訪ねた数日後のことである。

座主「明日からこの鐘が姿を消したら淋しくなるのう。首里までも聞こえる良い鐘だったのに。王さまはこの鐘のかわりはいつ下さる事やら。当分、波之上の開鐘もつく事はないかも知れぬ。淋しいのう。どれ、お別れじゃ」

鐘の音が聞こえる。

読者に再三断っておくが、シナリオは文学作品である。この後、座主の前に鐘の精が現れる。

鐘の精「ハイ　私は人間ではございませぬ。さきほどならして下さいましたこちらの寺の鐘の精でござります。何百年の間、み仏にお仕えして、朝夕尊き法を広めるお手伝いをさせて戴きましたが、いよいよ明日は遠い米国とやらへ参る事になりました。永のお別れに、御挨拶に参上致しました次第でござりまする」（略）

座主「何百年も此の寺に住みなれているお前が、この寺をあとにして、遠い国に行く事はつらい事であろう。我々としても、気持は同じじゃ。お前の姿をもう見られなくなると思うと我々も悲しい思いがしている。然しな、事情が事情じゃ。よう聞き分けてくれ。国と国との中を取りもつ立派な役目を仰せつかって外国に行くのじゃ。淋

しいだろうが、こんな名誉ことはないと、よくあきらめてくれ」（略）

この後、座主と鐘の精は、琉歌のやりとりをする。

座主「波の上の開鐘や　アメリカゆ渡て　み仏の慈悲知らちたぼり」

鐘の精「たとい他国の人のちちならすあてん　み仏の心弘みなやうちゅみ」

一八五四年七月一二日、護国寺の鐘はペリーに贈られ、一七日、ペリー、ベッテルハイムともに去った。護国寺はしばらくの間、鐘がなくて困っていたが、王府から廃寺になっていた天界寺の鐘が渡された。

天界寺は、琉球を仏教王国にした尚泰久王（在位一四五四年〜六〇）の時、渓隠安潜を開山として建立された。守礼門から西へ下りて、突き当たりにあった。玉陵の東端になる。「てぃんけぇーじ」と呼ばれ、文化財に指定された井戸が残っている。尚泰久の後を継いだ尚徳が大宝殿（仏殿）を建立し、鐘を鋳造した。

ジョン万次郎上陸

ペリー艦隊が来航する二年前の一八五一（嘉永四）年二月三日、洋装の男性三人が摩文仁間切小渡浜（現糸満市大度）に上陸した。ジョン万次郎らである。万次郎は土佐中の浜（現高知県土佐清水市）生まれ。一四歳の時、仲間四人と出漁中に嵐に遭い漂流し、鳥島（伊豆鳥島）

に漂着した。約一四〇日余の無人島生活を過ごし、運良く島の近くを航行したアメリカの捕鯨船に救助された。四人はハワイ・ホノルルに滞在、若い万次郎だけが船長とともにアメリカに渡り、教育を受ける。日本の鎖国政策は厳しく、海外で暮らした者が帰国しても死罪であった。そこで万次郎は帰国の地として琉球を選んだ。ハワイで結婚した一人を除き、ハワイ在の仲間二人も一緒に帰国した。万次郎は二四歳になっていた。

彼らを琉球まで運んだのはアメリカ船。島の近くまで来たら、積み込んだ小舟に乗り移り、上陸する手はずだった。冬の海は荒れ狂っていたが、三人は懸命に漕いで、目的を果たした。

王府役人の調べを受けたあと、那覇ではなく豊見城間切翁長（現豊見城市翁長）の徳門家に預けられた。護国寺に居住する宣教師ベッテルハイムとの接触を恐れたからといわれる。五カ月後、万次郎らは薩摩へ送られ、事情聴取されるが、藩主島津斉彬の対応は好意的であった。

さらに幕府の命令で長崎に護送され、奉行所で取り調べを受けるが、牢屋に監禁され、取り調べはこれまでになく厳しかった。万次郎らはキリシタンではないと、「踏み絵」も踏んだ。そして、許されて土佐に帰った。

一八五三（嘉永六）年の黒船騒動で、幕府に呼び出されるが、ペリー来航二年前に帰国したことで中濱万次郎（幕府から中濱の姓を授けられ、直参の身分になっていた）はスパイではないか、と疑われたこともあるという。一八五四年三月三日締結の日米和親条約の交渉には万次郎は関わっていない。万次郎の活躍はそれ以降のことである。

ベッテルハイム居住跡の碑建つ

ベッテルハイムは新天地をアメリカ合衆国に求め、家族とともに、アメリカへ渡る。長老派牧師として活躍したほか、南北戦争（一八六一年〜六五年）では北軍軍医として従軍した。一八七〇年、ミズーリ州ブルックフィールドにて肺炎で死去。

禁教のため、沖縄では歓迎されなかったベッテルハイムだが、キリスト教関係者、医療関係者の評価は高い。一九二六（大正一五）年五月には「ベッテルハイム博士渡来八〇年記念伝道講演会」が行われ、護国寺境内には「ベッテルハイム博士居住之趾」碑が建てられた。建立発起人はメソジスト教会宣教師のアメリカ人、E・R・ブル。彼はアメリカ在住の遺族から日記などを借りて伝記をまとめた。邦訳は『ペルリ提督前の文明指導者　伯徳令伝』（一九二六年）。序文は東恩納寛惇が書いている。

1954年に修復された「ベッテルハイム博士居住之跡」碑＝那覇市波之上の護国寺境内

ベッテルハイム、漢名を伯徳令。人呼んで波上の眼鏡と言う。彼は日本に来朝せる最初のキリスト教新教宣教師にして医術に長ず。弘化三年一八四六年五月二日、初めてこの地に来るや居を臨海寺、のち護国寺に移る。留まること約八年間、聖書の琉球語翻訳を企て、提督ペリーの通訳として奔走し、鋭意泰西文化の紹介に努めたり。

以上は碑文の内容である。碑正面にはベッテルハイムにかかわる各国（ハンガリー、オーストリア、イタリア、エジプト、ギリシャ、トルコ、イギリス、中国、琉球、アメリカ）の石がはめられた。さらに、碑の上部にはめこんだ銅板には、ベッテルハイムが翻訳した琉球語訳のヨハネ伝第四章、イエスがサマリアの女に向かって諭された言葉が刻まれていた。(26)

建立から一一年後には、ベッテルハイムの孫ベス・プラット夫人がアメリカから来県し、「ベッテルハイム来島九〇周年記念式典」と関連行事が開かれている。

プラット夫人は一九三七年四月二七日、首里丸で那覇に到着。当時のルーズベルト大統領の親書も持参した。宝来館(27)で休息し、波上宮参拝、護国寺、善興堂病院を訪問。さらに金城那覇市長を訪問した後、又吉康和の案内で泊の仲地紀晃宅、聖現寺、外人墓地を訪ねている。五月二日には那覇市長公舎で晩餐会、プラット夫人は自ら描いた油絵「ベッテルハイム像」を那覇市に贈呈した。護国寺では、祖父の記念碑を見て、感激のあまり碑によりかかって泣いた。

1926年に建立されたベッテルハイムの記念碑。正面に関係国の石がはめられている＝『沖縄懸人人物風景写真帖』より

仲地紀晃はベッテルハイムが

注26　『沖縄懸人人物風景写真帖』より。当時東京在住の仲宗根源和が中心になって一九三三年七月に刊行。一九八一年にハワイ大学宝玲叢刊行編纂委員会が『写真集　望郷沖縄　第五巻』として復刻した。

注27　一九四一年に沖縄ホテルが着工されるまで、戦前の那覇にはちゃんとした旅館は七、八軒しかなかった。一番大きかったのが宝来館で、ひとつだけＶＩＰルームがあった。

牛痘法を教えたといわれる那覇の医師仲地紀仁の子孫である。

非難された人格

フランス人神父のフォルカードは日記で、ベッテルハイムを「思慮が足りない男」「偏屈すぎる」と批判を浴びせている。ライバルだから悪し様にいわれようがかまわないだろうが、約一〇〇年後の歴史家（ジョージ・H・カー）はもっと厳しい。

（注・イギリスの）琉球海道伝道会はバーナード、ジョン・ベテレハイムという素人の宣教師をやとい、彼に会の目的を遂行させることになった。彼は一八四五年九月九日イギリスを出発、香港をへて一八四六年五月一日に妻子を伴い那覇に到着した。伝道会が意図していた目的を遂行させるのに彼をえらんだのは、まことに不運なことであった。彼の琉球政府および琉球人にたいする態度は、粗野で、無礼で、横柄で、そのうえ、目的のためには手段をえらばず、という確固たる信念をいだいていた。（略）

ベテルハイムは感情的に全く不完全な人間であった。琉球人にたいし、心から、惜しむことなく賞賛を与えたと思うと、急転して次の瞬間には、自らを抑えるすべもなく、威嚇したり、脅迫的行動をとった。（略）

彼はふたたび、奸計と巧妙な口実を用い、那覇を一望におさめる波の上岬（護国寺）から僧侶を追い払い[28]、そこに居を定めた。以後九年というもの、彼は琉球政府および島民を相手に争った（ジョージ・H・カー『琉球の歴史』二二九〜二三〇ページ）

注28　「僧侶を追い払い」との表現に、名幸は、著書『沖縄佛教史』の中で護国寺から僧が追い出されたと『琉球の歴史』で書いてあるのは誤りで、「寺内には本堂と住持の住宅の他に知事僧の居室や修業僧達の寄宿舎があって、此の寄宿舎にペンキを塗り椅子テーブル等おいて応接所に改造したのである」と反論している。

これまた偶然だが、本稿をまとめていた二〇一三年八月二四日の「琉球新報」の記事に驚いた。沖縄県立芸術大学のA・P・ジェンキンズ教授のベッテルハイムの調査報告である。南北戦争に軍医として従軍したものの職務怠慢や上官への不敬行為を告発され、軍法会議で除隊処分となっていた。

記事によると、北軍のイリノイ州第一〇六連隊歩兵部隊の軍医（中佐）だったベッテルハイムは、野戦病院へ運ばれた一等兵を治療せずに放置し、死なせたと職務怠慢の疑いで告発された。また兵士に魚を釣ってくるよう私的な命令をした。食費を払わずに患者用の食事をたべていた。連隊の上級将校を「酔っ払い」と繰り返し批判する不敬行為などで、「紳士・将校にふさわしくない行為」として有罪になり、軍を除隊させられたという。

ジェンキンズ教授は「琉球にいたころと変わらないベッテルハイムの気性が、米国でも問題を起こしていた。自分の意にそわないことには目上の権威者にも食ってかかる、われわれがよく知るベッテルハイムの姿がある」と指摘した。

「実に多弁也。それ故か、われらには魅力が感じられない。話術然り、ことば然り、会話亦然り、世辞まで何というか粗野。そのくせ何やらひそひそ話になってくる。何もかも損な人柄と見た」（『英宣教医　ベッテルハイム　琉球伝道の九年間』二七二ページ）

これはロシアの作家イワン・ゴンチャーロフの『琉球訪問記』に著されたベッテルハイム評である。ゴンチャーロフは一八五四年一月、那覇に一時寄港したロシア軍艦に乗船していて、艦上でベッテルハイムと会い、話をしている。

　一方、歴史家の東恩納寛惇は同情的な見方をしている。ベッテルハイムが王府に宛てた書類・手紙は漢文で書かれ、文書の終わりには必ず「英臣伯徳令」と署名した。彼はこれら数多い書簡などを目にしており、聖書の琉球語訳事業にも深い理解がある。著作の中で夫人や子供たちの苦労を憐れんだ。

破壊された記念碑

　戦争は狂気である。前に神奈川県久里浜に建立されたペリー上陸記念碑が地元の大政翼賛会壮年団[29]によって破壊されたことを書いたが、沖縄でもベッテルハイム記念碑が翼賛壮年団に破壊される事件が起きた。

　髙嶺朝光の『新聞五十年』[30]（沖縄タイムス社、一九七三年）では、碑の破壊を以下のように書いている。

> 　政府が昭和十七年から設けた十二月八日の戦意高揚の日（大詔奉戴日）には、支部長の知事を先頭に、カーキ色の国民服に脚絆を巻いた制服姿の団員たちが波上宮に参拝して戦勝を祈願した。
> 　那覇では波上のベッテルハイム記念碑の碑面を損傷するという、翼賛壮年団員の思考と行動を象徴した事件が起こっている。波上で何かの会合が開かれたときに、勢い余って記念碑にツルハシを振った。それで敵がい心を燃え立たせたということらし

注29　一九四〇（昭和一五）年一一月、戦争遂行のために国民の底辺から盛り上がる形で挙国態勢に総力を結集しよう、と近衛文麿首相を総裁に、全国知事が支部長になった大政翼賛会が結成された。翌一九四一年一月、沖縄県支部が県庁内に発足。日米開戦後の一九四二年には、強力な翼賛運動推進体の翼賛壮年団が各市町村で一四、五人ずつの団員を選んで次々結成された。初代団長は当間重剛。二代目は平良辰雄、

注30　髙嶺朝光『新聞五十年』（沖縄タイムス社、一九七三年）

かったが、さすがに警察でも「器物損壊だ」と、一応とがめたそうだ。（『新聞五十年』二五九ジページ）

那覇市が編集した市民の戦時・戦後体験記『沖縄の慟哭』戦時編には、本部茂が「壊された伯徳令の碑」をまとめている。本部は沖縄戦の三三回忌に当たる一九七七年七月、偶然ベッテルハイム碑の破壊事件を知る。話したのは事件当時、那覇署の特高刑事だった人物である。

事件が起きたのは、私の記憶ではたしか昭和十八年の七月ごろ、町内の私の先輩が署に駆け込んで来て――いま、壮年団員が集まって波上護国寺のベッテルハイム記念碑を壊そうと相談している。ベッテルハイム碑を壊し、そのあと泊のオランダ墓（外人墓地）の破壊も計画している――この通報を受け、私は現場にかけつけたところ、すでに碑はメチャメチャに壊されたあとだった。

証拠品として碑から脱落した二、三個の石片と、現場に残されたカナテコを持ち帰って上司に報告した。報告はしたものの、上司からそれについて調査せよとの命令のないまま、事件はそれっきり沙汰やみになった。碑は一種の公共物である。にもかかわらず何の追及もなされないということ自体が不可解なことだが、私個人では勝手に調査をすすめるわけにもいかないので、若し泊のオランダ墓を破壊するようなことがあったら、今度こそ徹底的に調査し処罰する、と先輩に伝えておいた。そうすることによって、壮年団の無謀な行動をけん制できると思った。果してオランダ墓の破壊

は思い止まったようだった。（『沖縄の慟哭』那覇市民の戦時・戦後体験記戦時編六八〜六九ページ）

本部はさらに破壊に至った動機について調べ、東條英機首相の沖縄訪問の新聞記事を突き止める。一九四二（昭和一七）年七月、東條は南方視察の帰り、マニラから沖縄入りした。宿泊は護国寺前に建てられた沖縄ホテル。早川知事以下、県庁、警察、在郷軍人、壮年団、婦人会が宿舎の沖縄ホテルまでの沿道に出迎えた。翌朝未明から波之上通りで、県下の壮年団の閲兵式があり、首相に戦時態勢の意気を示した。

沖縄ホテルは、現在の神宮会館当たりにあった。護国寺とは道路をはさんだ指呼の間にある。ホテルの二階からは記念碑が見えたはずである。本部は次のように確信した。

東條はいやでも外国人の名前の刻まれた碑が目についたに違いない。東條だけではない、随行の幕僚たちもそして地元の知事はじめ警察、在郷軍人そして壮年団も、時期が時期だけに特にそのことを意識したに違いない。（『沖縄の慟哭』那覇市民の戦時・戦後体験記戦時編七一ページ）

そして、ついにある証言で破壊の様子を知った。

「手に手にカナテコを持った団員が、碑を取り囲んで——（米英ゲキメツ、米英ゲキメツ）と叫んで、つぎつぎ　カナテコを打ち込んでいた。知っているのはそれだけだ。誰の命令かそれも知らん」（同七二ページ）

本部はこの証言者を仮名（L氏）としている。

碑の破壊は孫のプラット夫人が碑を訪れてから六年後のことである。壊したといっても碑を横倒ししたとか、木っ端みじんにしたわけではない。碑面の石を破壊したのである。そして一九四四年の一〇・一〇空襲、さらに沖縄戦で那覇市内は壊滅、波上宮、護国寺は甚大な被害を受けるが、ベッテルハイムの碑はかろうじて残った。

一九五四年、ペリー来琉百周年事業が米軍・琉球政府の共同事業として取り組まれた。この年は、ペリー来琉だけではなく、ペリーとともに琉球を去った「ベッテルハイム百年祭行事」も行われた。百年祭とは、来沖ではなく、離沖百年のことである。琉球政府文教局は頌徳碑を修復、さらに「ベッテルハイム百年記念式典並び講演会」を実施した。

碑は修復されたものの上部に設置されていた聖書の刻まれた銅板は盗まれたままという。

梵鐘の受難

一九四一（昭和一六）年一二月八日、日本海軍はハワイの真珠湾を奇襲攻撃し、太平洋戦争が始まった。戦争には鉄と油が必要だが、日本は両方とも不足していた。中国との戦争が泥沼化するなか、金属類の回収が呼び掛けられた（一九三七年、鉄鋼配給規則制定）。一九三九年一月以降はマンホールの蓋、ベンチ、鉄柵などが回収された。太平洋戦争直前の一九四一年九月には国家総動員法にもとづく金属回収令が実施された。

一九四二年、各県は資源特別回収実施要項を定めて大々的な回収にのりだした。家庭の鍋釜まで対象となった。寺院の梵鐘も例外ではなかった。神も仏もない、とはこのことか。一九四三年八月、県内の寺院の梵鐘が回収された。同年八月二六日付『大阪朝日新聞』は、「伏敵の響きこめて應召」の見出しで、回収の様子を伝えている。「應召」とは、召集令状を受け、軍務につくため指定地に行くこと。回収の目的は砲弾・銃弾などの原料確保だから、梵鐘は溶かされることになる。各寺では兵隊を送るように壮行式が行われ、最後の鐘がつき鳴らされた。信徒らは激励の読経で送った。

金属の回収について、以下のように新聞で伝えている。

去る四月から全国一斉に展開された金属類の非常回収は止むを得ない事情のため本県は少しく遅れたが、それでも実施以来素晴らしい実績をあげ、ことに指定施設となっている社寺の供出熱は大したもの。前回の回収運動で洩れたものは悉く総ざらひのかたちである。妙鉢から香炉、輪灯、燭台、花立など廃品会社の庭は金色に輝くとりどりの佛具の山、それをいちいち秤にかけたり、片づけたり五人の大男が汗だくの奮闘である。(『大阪朝日新聞』)

回収品を扱った場所は、那覇市西新町にあった沖縄廃品回収統制合資会社。回収された梵鐘の写真もあり、それぞれ「大典寺」「神徳寺」「崇元寺」「聖現寺」「神応寺」「護国寺」の札が貼られている。

「護国寺」から回収された鐘は、ペリーに贈呈された大安禅寺の鐘の代わりに王府が護国寺に贈った天界寺の鐘だろうか。ところが、この天界寺の鐘は、戦後、金武の山中で発見され、今は金武観音寺に納められているという。なぜか？

名幸によると、回収された梵鐘類は那覇を出ることはなかった。

金武観音寺＝金武町

県から金属類の供出を命ぜられた時、私は鐘を失わねばならなかった。ローソク立てやコーロ等と共にこの鐘も供出したのである。然し、その時はすでに海上は米国の支配下にあり、輸送船はもう沖縄から出て行かなかった。鐘は那覇港の倉庫にしまってあったが、倉が敵の爆撃で焼失して、鐘はそのまま残っていたのを、護国寺を高射砲部隊が兵営として借りていたが、その兵隊達がその鐘をみつけて、護国寺に持ってきてくれたそうである。その当時、私も出征していたので、この話は終戦後、信徒から聞いたのであるが、私が復員して帰ってきた時は、すでにこの鐘も行方不明になっていた。（『琉球の文化第四号』二〇二ページ）

仁王像まで行方不明になったという。

戦後、沖縄に駐留したフィリピン兵らが円覚寺の鐘を土産として持ち帰り、その後、返還したことがある。天界寺の鐘が、なぜ金武山中にあったかは謎のままである。

今ある護国寺の鐘は、創立六〇〇年祭記念に浄財を受けて新鋳されたもの。重さ八〇〇キロ、高さ一・七メートルある。

安国寺の鐘は本土で見つかり、戻ってきた。安国寺は臨済宗で山号は太平山。首里高校の南にある。尚泰久王時代（在位一四五四～六〇年）に日本の一国一寺の例に準じて建立されたと伝えられる。当初、久場川に創建し、尚貞王時代に現在地に移った。戦前は、幼稚園もあった。安国寺の梵鐘は名鐘といわれた「天竜精舎鐘」。この鐘の撰筆は、円覚寺の開山住持の芥隠による。

この名鐘も金属として回収された。戦後、運良く岡山県に残っていたのを、鳥取県青谷町の弥勒寺住職によって救われ現存していることが分かり、一九六二年、一八年ぶりに里帰りした。鐘は解体作業での傷を受け、晩鐘の音を鳴らすことは出来ないが、今日、県立博物館で保管されている。（『写真集　懐かしき沖縄――山崎正薫らが歩いた昭和初期の原風景』[31]）

安国寺住職の永岡敬淳（旧姓饒平名）は東洋大学卒。円覚寺の住職でもあった。沖縄戦で防衛隊長（大尉）＝第六二師団特設警備二二三中隊＝として参加。沖縄出身の兵で構成された永岡の部隊は、第三二軍の首里撤退に際し、しんがりを命じられている。永岡は、安国寺の壕内で自決を決意したが、部下に懇願されて南部へ撤退し、沖縄本島南端の喜屋武村山城で戦死した。

注31　野々村孝男編著『写真集　懐かしき沖縄――山崎正薫らが歩いた昭和初期の原風景』（琉球新報社、二〇〇〇年）

一三三年ぶりの帰還

ペリーに贈られた護国寺の鐘については、復帰前に琉球の文化財を守る運動が盛り上がり、東京在住の有志が「米国に行っている護国寺の鐘をとりかえす運動」を始めたとき、名幸は「記録の示す通り、琉球国からペリーにプレゼントしたものだから、返せというのはどうかと思う」と述べている。

しかし、機は熟したのだろうか、護国寺の鐘が沖縄に帰ってきたのである。新聞報道によると、返還に尽力したのは当時参院議員だった大城真順、米側はデイ在沖米四軍調整官。デイは沖縄戦に参加した元海兵隊員。大城真順は玉城村出身。沖縄戦で県立第一中学校鉄血勤皇隊員として動員され、第五砲兵司令部に配属された。迫撃砲の破片で重傷を負った。戦後はミズーリ州立大学政治学部を卒業、三六歳で立法院議員に初当選した。当時の西銘順治県知事も学徒動員を受け、海軍士官としてインドネシアで敗戦を迎えた。

アメリカ帰りの鐘の受鐘式は一九八七年七月二二日、泊高校で西銘県知事、ウエッブ米海軍長官ら関係者が出席して行われた。泊高校周辺は、聖現寺、外人墓地、ペリー上陸記念碑があり、ペリーゆかりの地である。

西銘知事、ウエッブ米海軍長官があいさつした後、「喜びの鐘」「親善の鐘」「二一世紀の鐘」と銘打って、返還に功績のあった大城参院議員、ゴットフレイ在沖米四軍調整官、児童生徒を代表して泊小学校六年の古堅克明の三人が一三三年ぶりに郷里に帰ってきた護国寺の鐘を次々と鳴らした。鐘は当時首里にあった県立博物館で保管され、一般公開された。現在も那覇市おもろまちに移転した沖縄県立博物館・美術館で常設展示されている。

一九九一年五月一三日にも米国から梵鐘が戻ってきた。鐘は尚泰久時代に首里の大聖禅寺にあったもの。高さ九〇センチ、重さ一一〇キロ。赤茶けた表面には銘が読み取れ、製造は一四五六(尚泰久三)年と分かった。この鐘は、沖縄戦で米兵が持ち去り、バージニア州のバージニア・ミリタリー・インスティチュート校に保管されていた。「那覇陥落の際、この鐘を接収した」と説明した銅板も一緒に届けられている。返還に尽力したのは琉米歴史研究会(喜舎場静夫会長)。喜舎場会長ら会員五人が梵鐘を出迎えた。

金武町にある金武観音寺は、危うく、寺ごとアメリカへ持ち去られるところだったという。日秀上人(一五〇三〜七七年)が開山したというこの寺は、真言宗のお寺として親しまれていた。一九三四年に火事に遭って消失、その後、一九四二年に新築された。沖縄戦では本島内の寺社はことごとく戦火で消滅したが、戦前の古い建築様式が残る貴重なこの寺だけは無事に残った。米軍は、この寺を解体し、米国へ運んで博物館に利用しようとしたが、取り止めたといわれる。いくら戦争に勝ったからと、何でも持ち出すのは、泥棒である。国際法違反である。

あとがき

私は、いわゆる平和ガイドである。きっかけは、コンベンションビューローが一九九七年二月から実施したガイド養成講座。新聞記者だった私は取材のついでに全講座を学んだ。八月、沖縄県観光ボランティアガイド友の会が結成され、私も参加した。今でも主に南部戦跡のガマで他府県からの修学旅行生徒を相手にガイドしている。

初のガイドは糸数アブチラガマ（当時玉城村、現南城市）で、その年の一一月七日、福島県の女子高校生を案内した。ガイドに慣れていた会員（松島フミ子さん）が心配して、付いてきた。「（無事終わって）ほっとした。緊張しっ放しだった。松島さんが説明よかった、と褒めてくれた。何歳になっても褒められるのはうれしい」と日記に書いた。以来二〇年が経つ。

今回まとめた論考は、沖縄戦に関する本から「スパイ」のいいがかりをつけられ、日本兵に殺害された県民については、「県民は如何にしてスパイになりしか」にまとめ、沖縄戦で配備された大砲部隊と県民のかかわりについては「大砲が語る戦世」でまとめた。「護国寺の鐘―ペリーとベッテルハイム」は、一九世紀中ごろの話だが、紐解いていくと「スパイ」や「米兵犯罪」など沖縄戦や戦後の沖縄まで引きずっている様子をまとめた。

いずれも、二〇一二年三月から二〇一四年一二月まで一二回発行されたノンフィクションの季刊同人誌『多島海』に掲載された。私は『多島海』では「君知るや名酒あわもり～泡盛散策」を出していたが、二〇一二年二月、県が首里城地下にあった第三二軍司令部壕説明板の文言から「慰安婦」「住民虐殺」等の記述を削除することが明らかになり、問題化した。仲井真弘多県知事は二月定例県議会で「削除は撤回しない」と答弁した。私はガイドとして黙っておれず『多島海』第二号に「女スパイ虐殺の真相―第三二軍司令部壕説明板問題から」を出した。以来、同人からは毎号出すように言われ、沖縄戦関連の論考は最終号の十二号まで続いた。

「スパイ」の文字に敏感になり、渡野喜屋虐殺事件で無実の県民を「スパイ」として殺害に関わった一人（森杉多）が出版した本『空白の沖縄戦記―幻の沖縄奪還クリ舟挺身隊』を読んだ衝撃は大きなものがあった。

『多島海』が出版されるたびに、那覇市西にある大田平和総合研究所を訪ね、大田昌秀先生（私の大学卒業を認定した指導教官だった）に見てもらった。そのころ九〇歳間近であったが、精力的に本を読んでいた。いつだったか、出版されたばかりの『沖縄県史　資料編23　沖縄戦日本軍史料』を手にしていたが、付箋が上ばかりでなく横、下にも、いっぱい貼られていて、あまりの多さに果たして付箋は役に立つのか、と驚いたことがある。沖縄戦で「スパイ」容疑で殺された県民の数を聞いたら「一〇〇〇人はいるだろう。もう一度、沖縄戦に関するすべての本を読み返したい」と話していた。残念なことに今年六月一二日の誕生日に九二歳で亡くなられた。先生の志を微力ではあるが、継いでいきたいと思う。

『多島海』の連載が終わって、優れた資料を手にした。元高校教師の故・大西照雄さんが一九九八年一二月に発行した『「仲村渠仁王虐殺の地」碑を訪ねて』（私家版）である。大西さんは、『空白の沖縄戦記』に出てくる渡野喜屋虐殺事件、スパイ殺害事件を被害者の遺族とともに現場で追う。新聞に掲載された虐殺の碑の記事から一八年も経過していることもあり、結局、碑を探すことはできなかった。さらに、『空白の戦記』の著者の「うそ」や「作文」を見抜いている。

八月の暑い日、辺野古の座り込みに参加した時、元日本テレビディレクターの森口豁さんに偶然出会った。彼は『空白の戦記』の著者を突き止め、沖縄に同行取材し、被害者遺族に詫びさせた。三五年ぶりのことだった。さらに、台風が吹き荒れる中、東村の渡慶次川上流で遺骨を探す様子を撮影したほか、別の日に遺族が「故・仲村渠仁王虐殺の地」の碑を建てる様子を取材している。実は、琉球新報に大きく掲載された記事と写真は森口さんが書いたものだと知ってびっくりした。もっとも、森口さんは元琉球新報記者であった。

また、「護国寺の鐘―ペリーとベッテルハイム」で紹介したボード事件は、ボードだけを紹介したが、その後、小野まさ子さんが浦添市図書館紀要（一九九一年）にまとめた「評定所文書覚書（3）ボード事件にみる女性たち」を入手して、驚いた。ペリー艦隊の水兵は、ボード以外にも暴行目的で民家に侵入したことや市場や路上で女性の乳房を掴む輩が何人もいたことだ。今の米兵事件と何ら変わらないではないか。

大西さんと小野さんの論考には、多大な刺激を受けた。今回本にまとめるに当たりいずれも、注記で補った。

もっと驚いたことがある。遺族の要請を受けて国が大里村で大規模な遺骨収集をした際に独立重砲兵第百大隊の八九式一五〇㍉加農砲が見つかった。この大砲は当初、発掘現場近くの大里農村改善センターに展示されていたが、いつの間にか糸数アブチラガマ近くに移動されていた。あらためて写真を撮り直したが、関係もない場所でもあることを含め、疑問と怒りが沸いた。米軍の攻撃でこの大砲を引いていた防衛隊の多くが犠牲になった。さらにこの大砲部隊の戦没者の四二%が県人(女性、中学生を含む)であったことも忘れることはできない。つくづく、兵器を展示する理念は「武器よさらば」でなくてはいけないと思う。遺族会の一人は、「展示するなら発掘された場所で展示するべきだ」とも言った。もっと言えば、展示するのなら掘り出されたままの大砲で良い。そうすれば悲惨さがより伝わるだろう。靖国神社の展示からは悲惨さは伝わらない。

沖縄戦では、軍隊は住民を守らなかった。兵隊でさえ、傷つき役に立たなければ捨てられた。戦後七二年の今、日本は、「教育勅語」を評価する閣議が決定され、国民を縛った「治安維持法」を適法だったと言い張る政府が支配する。三千柱の未収骨遺骨(県の推定)、不発弾の完全撤去まで後七〇年もかかるといわれている。その間、広大な米軍基地とそれに付随する米兵犯罪や事故は絶えることなく続く。沖縄戦は終わったとは、とても言えない。

最後に、大学時代から教えをいただいた大田昌秀先生へ恩返しの意味を込めて、この本を捧げたい。

二〇一七年八月一五日　　池間一武

初出一覧（タイトル　掲載誌・号数　発行年月日）

Ⅰ　沖縄戦をめぐるスパイ

「女スパイ」虐殺の真相　季刊誌『多島海』2号　2012年6月23日

県民は如何にしてスパイになりしか①　季刊誌『多島海』9号　2014年3月20日

県民は如何にしてスパイになりしか②　季刊誌『多島海』10号　2014年6月23日

県民は如何にしてスパイになりしか③　季刊誌『多島海』11号　2014年9月20日

県民は如何にしてスパイになりしか④　季刊誌『多島海』12号　2014年12月20日

Ⅱ　大砲が語る戦世

大砲が語る戦世～やぶにらみ沖縄戦(1)　季刊誌『多島海』4号　2012年12月20日

大砲が語る戦世～やぶにらみ沖縄戦(2)　季刊誌『多島海』5号　2013年3月20日

大砲が語る戦世～やぶにらみ沖縄戦(3)　季刊誌『多島海』6号　2013年6月23日

Ⅲ　護国寺の鐘―ペリーとベッテルハイム

護国寺の鐘（上）―ペリーとベッテルハイム　季刊誌『多島海』7号　2013年9月20日

護国寺の鐘（下）―ペリーとベッテルハイム　季刊誌『多島海』8号　2013年12月20日

[人名索引]

＊( )は略名、異名などの補足。→は統一した人名。

【あ】

【か】

【や】

【ら】

【わ】

【アルファベット】

[文献索引]

＊「」は論考または新聞名、『』は書名、()は補足。

【あ】

【か】

【さ】

池間　一武（いけま・かずたけ）
沖縄県観光ボランティアガイド友の会会長

1948 年　9 月、平良市西原（現宮古島市）生まれ。開南小、上山中、那覇高校卒業。
1976 年　3 月、琉球大学法文学部社会学科卒業。同月、琉球新報入社。社会部を皮切りに八重山支局、政経部、整理部、編集委員、中部支社報道部、事業局、販売局などを歴任。
2006 年　4 月、琉球新報中部支社長。
2008 年　9 月、琉球新報社定年退職。

その後、琉球新報カルチャーセンター館長、沖縄県交通遺児育成会事務局長などを経て、現在、沖縄県観光ボランティアガイド友の会会長。

著　書
『君知るや名酒あわもり～泡盛散策』、『復帰後世代に伝えたい「アメリカ世」に沖縄が経験したこと』いずれも 2016 年、琉球プロジェクト発行。

沖縄《おきなわ》の戦世《イクサユー》――県民《けんみん》は如何《いか》にしてスパイになりしか

2017 年 12 月 8 日　第 1 刷発行　　　定価　本体 1,800 ＋税

著　　者　池間　一武
〒 903-0117　西原町翁長 889-12
発 売 元　琉球プロジェクト
〒 900-0005　那覇市天久 905 番地
Tel : 098-868-1141
編集協力　編集工房 BAKU
印刷製本　でいご印刷　Tel : 098-858-7895

（C） Kazutake Ikema 2017 Printed in Japan
ISBN978-4-908598-21-0

池間一武
『君知るや名酒あわもり——泡盛散策』
判型　A5判、217ページ
発行　2016年6月23日
発売　琉球プロジェクト
定価　本体1500円+税

ISBN978-4-908598-02-9

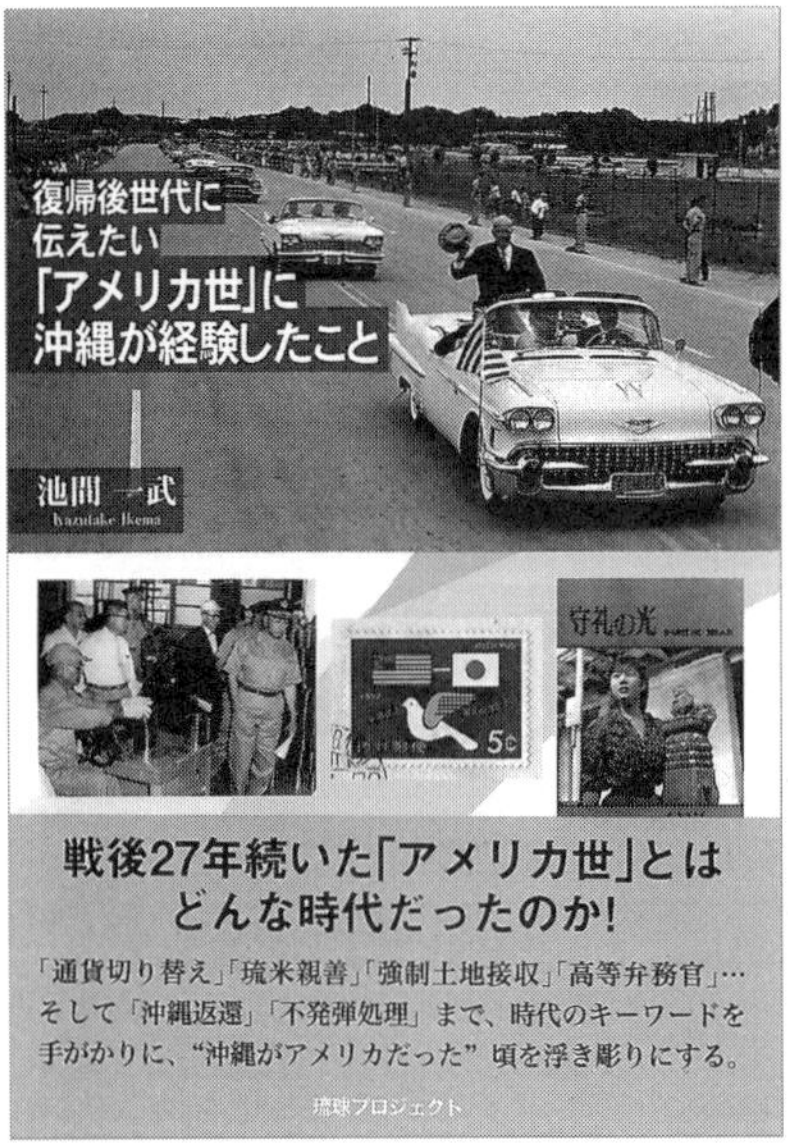

池間一武
『復帰世代に伝えたい「アメリカ世」に沖縄が経験したこと』
判型　A5判、118ページ
発行　2016年7月15日
発売　琉球プロジェクト
定価　本体1300円+税

ISBN978-4-908598-03-6